目指す人が知っておくこと。

# 職業としての教師

佐藤 明彦
SATOH, Akihiko

時事通信社

# はじめに

この本は、「教師」という職業に興味のある大学生や高校生、あるいは「教師」への転職を考えている社会人を対象にした手引書です。

教師の仕事とは、実際にどのようなものなのか。
どうしたらなれるのか。
どんな人が向いているのか。
他の職種に比べて給料や大変さはどうなのか。

こういった事柄を分かりやすく、噛み砕いて解説していきます。
ここ最近、教師という職業をめぐっては、新聞やテレビ、インターネットなどを通じて〝良からぬ情報〟が飛び交っています。過重労働が蔓延する「ブラック」な職場、過激化する「モンスターペアレント」、増え続ける「いじめ」や「不登校」……。こうした情報を見ると、学校がガラパゴス化し、教師がその対応に追われ、てんやわんやしている情景が浮かんできます。

また、体罰やセクハラ事件など、教師の不祥事も日々報道されています。子どもを殴って骨折させた、女子中学生と援交をした、個人情報を転売した……。かつて、「聖職者」と言われ、地域の人たちから一目も二目も置かれていた教師像は今いずこ。ネットを見ると、「世間知らず」「性職者」なんて心ない教師バッシングすら散見されます。

こうした情報が日々流れてくる中で、「やっぱり教師になるのはやめようか……」と思う人もいるかもしれません。職場が「ブラック」で、世間からも尊敬されない。そんな職業ならば、魅力を感じないのも当然のことです。


でも、これは非常に残念なことです。なぜなら、ここ最近〝教師〟について流れてくる情報には、誤解や偏見に満ちた不正確なものが多いからです。

例えば、体罰やセクハラなどの事件が、日々報道されています。報道自体は事実なのでしょうが、それに対して出される「教師のモラル低下」という指摘は正しくありません。体罰の件数はここ数年着実に減っていますし、セクハラ事件を起こす教師は、全体から見れば0・1%

にも満たないからです。

全国にいる約100万人もの先生の大半は、何ら問題を起こすことなく、日々真面目に仕事と向き合い、子どもや保護者とも良好な信頼関係を築いています。ごく一部の教師による不届きな行動が大きく報じられることで、そうしたイメージが植え付けられてしまうのは、とても残念なことです。

また、学校が「ブラック」であるとの情報も、正確とはいえません。確かに、忙しい毎日の中で、大変な思いをしている先生はたくさんいます。それが原因で精神的に病んでしまう先生がいるのも事実です。国や自治体レベルで、何らかの改善措置が必要なのも確かでしょう。

しかし、民間企業が利益達成に向けて、無理なノルマを社員に課すような「ブラック」さは、少なくとも学校にはありません。実際、私がよく知る先生方の多くは、たくさんの仕事をこなしつつ、イキイキと充実した毎日を送っています。「教師になってよかった」という先生もいれば、「仕事はたくさんあるけど、忙しいと思ったことはない」という先生もいます。だからこそ、最近の報道やネット情報を鵜呑みにしないでほしいのです。

皆さんは、教師という職業をどのくらい知っていますでしょうか。

# はじめに

「他の仕事はよく分からないけど、教師なら見てきたから分かる」

そう答える人もいるでしょう。確かに、小、中、高と学校教育を受けてきた私たちにとって、「教師」ほど、仕事内容がイメージしやすい職業はないかもしれません。

しかし、そのイメージと現実との間には、少なからずズレがあります。私たちが子ども時代に見てきた先生の姿は、教師という仕事の「表面」に過ぎないからです。「裏面」には、教材づくりやテストの採点、行事の準備、研修への参加など、外側からは見えない仕事がたくさんあります。これら「表面」「裏面」の仕事をトータルに、バランス良くこなしていくのが教師という職業なのです。

また、一言に「教師」といっても種類はさまざまです。小学校の教師、中学校の教師、高校の教師もいれば、特別支援学校（盲学校・聾学校・養護学校）の教師もいます。また、養護教諭（いわゆる保健室の先生）や栄養教諭などの職種もあります。さらに、中学校や高校の教師は、「国語科教員」「地理歴史科教員」など、教科・科目に分かれています。そのどれになるかによって、求められるスキルは変わってきます。

また、民間企業に「係長」「課長」「部長」「取締役」という役職や出世ルートがあるように、教員にも「指導教諭」「主幹教諭」「教頭（副校長）」「校長」などの「職階」があります。また、「学年主任」や「教務主任」「生徒指導主事」などの役割もあります。

こうした職階や役割には、どうしたら就くことができるのでしょうか。また、どのくらいの人がなれるのでしょうか。そして、着任すると給料はどのくらい変わってくるのでしょうか。

こうして見ても、教師という仕事には、多くの〝謎〟があります。こうした謎を一つ一つ明らかにし、リアルな教師像を浮き彫りにするのが、この本の狙いでもあります。


人生において、職業選択ほど難しいものはありません。十分な知識や情報がないまま、18歳あるいは22歳の時点で、人生の〝針路〟を決めるのは至難の業です。

「自分にはコレしかない！」と、自信を持って舵を切れる人はごく一握りでしょう。それは、教師という職業を選ぶ上でも同様で、「教師」という仕事をよく理解して就く人は、決して多くはないと思います。

この本は、教師という仕事について、「良い仕事だから目指しなさい」というつもりもなければ、「大変だからやめておきなさい」というつもりもありません。

目的はただ一つ。教師という仕事について、正しい実態を伝えることです。いわば、教師という職業の「説明書」のようなものといえるでしょうか。

この本では、教師という仕事の魅力的な部分も、大変な部分も余すところなく伝えます。その中には、皆さんが知らなかったこと、驚くこともたくさんあるでしょう。

ＰＡＲＴ１「『職業＝教師』のリアルな実態を知る」では、新聞やテレビが報じない「裏情報」も伝えていきます。続いて、ＰＡＲＴ２「『職業＝教師』、他の職業との違いを知る」では、教師という職業の特殊性と、どんな人が向いているのかということを解説します。また、ＰＡＲＴ３「『職業＝教師』の仕事とライフコース」では、教師の日々の仕事内容とその成長過程を〝目に浮かぶ〟ように分かりやすく説明します。読み終わった頃には、学校という職場、教師という仕事へのイメージが、鮮明に浮かび上がってくることでしょう。

その上で、「やっぱり自分は教師になる！」と思った人は、ぜひ本気で目指してください。そのための具体的な方法や耳寄り情報を、ＰＡＲＴ４と５で詳述していきます。

教師という仕事をよく理解した上で目指す人が増えれば、きっと良い先生が増え、学校教育はさらに充実していくはずです。教師という職業に興味のある人たちにとって、本書が「羅針盤」となることを祈っています。

## 目次

## 目　次

## PART3 「職業＝教師」の仕事とライフコース

## PART5 「職業＝教師」となるための採用試験を受ける

目　次

◆装幀・本文デザイン　清水信次
◆イラスト　手塚由紀
◆編集協力　島上絹子（スタジオパラム）

PART 1

# 「職業＝教師」のリアルな実態を知る

Question

教師という仕事が“ブラック”だという
情報が流れていますが、本当ですか?

## Answer

忙しいのは事実ですが、決してブラックではありません。
多くの先生は、やりがいを感じながら、
子どもたちの教育に当たっています。
職業としての“安定感”も抜群です。

# 01 給料・待遇 ――民間企業と比べてどうなのか

最初に、皆さんが「教師」という職業を選ぶにあたって、知っておいてほしい職業的な特性について述べていきたいと思います。

まずは「給料」からです。

「いきなり金の話かい！」と、突っ込みを入れられそうですが、給料は生活基盤を支える命綱。いくら魅力的な仕事も、給料が安くて〝割に合わない〟ようでは、多くの人が躊躇します。職業選択における〝最重要〟要素といっても過言ではないので、たとえ文句を言われようとも、ここから入りたいと思います。

## ◉民間企業との初任給の比較

以前、私が編集長を務めていた月刊『教員養成セミナー』(時事通信社)で、「大解剖!先生のお仕事」という特集を組んだことがあります。ここで教員の初任給(大卒1年目の給料)を調べたところ、次のような平均値が出ました。

・小学校教諭の平均初任給……………22万3033円
・中学校教諭の平均初任給……………22万3033円
・高等学校教諭の平均初任給…………22万3853円
・特別支援学校教諭の平均初任給……23万3208円

(いずれも『教員養成セミナー』編集部調べ)

これを「安い」と思うか、「高い」と思うかと聞かれても、多くの高校生や大学生は、答えに窮するところでしょう。

比較対象となるのは、民間企業のデータです。厚生労働省が公表している「平成29年賃金構造基本統計調査結果（初任給）の概況」によると、大学卒の民間企業の平均初任給は20万6100円。この数字を見る限り、教員の方が2万円近く高いということになります。

ただ、このデータは単純に比較できない側面があります。教員の初任給は、「教職調整額」が含まれた額だからです。

「教職調整額」とは何かというと、一言でいえば「残業手当」のことです。前述した民間企業の平均初任給には、これが含まれていません。ですから、単純には比較できないことになります。

民間企業に勤めていれば、恐らく月に1万～2万円は残業手当が付くでしょうから、初任給だけを見れば、「教員と民間企業の給料は、ほとんど同じ」ということができます。

ここまで説明してきて、何か引っかかることはないでしょうか。なぜ、残業手当を「含めた金額」と、「含めない金額」とを比べるのかです。

教員の給料に含まれている「教職調整額」は、厳密にいうと、民間企業の残業手当とは少々異なります。民間企業の場合、残業手当は「働いた時間」に応じて、時給計算で算出されます。

そのため、勤務条件として示されている「初任給」に、含まれているはずはありません。

◆「給料22万円」で換算した教員の残業手当の時給

| 支給額 | 残業した時間 | 時給 | コメント |
|---|---|---|---|
| 8,461円<br>⬆<br>この額は固定 | 8時間 | 1,057円 | ギリギリ最低賃金をクリア |
| | 10時間 | 846円 | アルバイト以下 |
| | 20時間 | 423円 | ブラックバイト級 |
| | 50時間 | 169円 | 1960年代? |
| | 100時間 | 84円 | ジュース1本も買えず。ほぼボランティア |

一方、教員の「教職調整額」はというと、「働いた時間」に応じて支払われるものではありません。金額は毎月一律。極端な話ですが、月に100時間の残業をしようとも、残業時間が0であろうとも、「定額」が支払われるのです。「何それ!?」と驚く人もいるでしょう。

気になるのは、「定額」が幾らなのかという点です。これは全国一律で決まっていて、給与月額の「4%」となっています。給料が「22万円」だとすれば、このうち8461円。これが教員の残業手当として、勤務状況に関係なく支給されるのです。

この額を聞いて、「そんなにもらえるんだ。うれしい!」という人は、恐らく皆無でしょう。多くの人は、その安さに絶句すると思います。

なぜ、そんな状況になっているのでしょうか。もし、月に20時間の残業をしたとすれば、時給換算で423円(上の表を参照）という計算になります。１００時間の残業をしようものなら、時給は１００円以下。そんなアルバイトがあっても、誰一人応募しないでしょう。

なぜ、教員の残業代が「４％」の一律支給となっているのか――この点については、複雑な経緯があります。戦後、教員の給料は一般の公務員の給料よりも1割程度高く設定され、その代わりに残業手当は支給されないこととされました。ところが、次第に教員の残業が目立つようになり、処遇の改善を求める声が高まっていきます。そうした経緯の中で、１９７２年に設けられたのが「教職調整額」なのです。

それにしても、なぜ「４％」という〝雀の涙〟のような額に設定されてしまったのでしょうか。調べてみると、当時、教員の残業は今ほど多くなかったことが分かります。１９６６年度に国が実施した調査によると、当時の小中学校教員の残業時間は、週当たり平均1時間48分。月に換算すれば8時間程度。これが「４％」の根拠とされたわけです。

しかし、それから50年以上が経った現在、教員の残業は比べられないほど増え、「４％」では到底、釣り合わなくなっています。この点は、早急に改善が必要ですが、国の財政状況が良くない中で、教員の給料を上げられない状況が続いているのです。

「俺たち民間が苦労しているのに、先生の給料だけ上げるとは何事か！」という世間の声が、教員の処遇改善にブレーキをかけている側面もあります。

もちろん、この状況がおかしいことは国も十分に承知しています。そして、残業を減らすための諸施策も講じようとしています。皆さんが教員になる頃には、もう少し、労働条件が改善されている可能性もあるでしょう。

## ◉安定性は最強、退職金で御殿が建つ!?

いきなり、「教職調整額」の話を持ち出し、教員の給料が現実に見合っていないという話をしてしまいました。とはいえ、教員という仕事をまったくお勧めしないかといえば、そんなことはありません。残業手当の問題はあるにせよ、待遇面も含め、決して「割に合わない」仕事ではないと私は思います。少なくとも、待遇面においては、民間企業よりもずば抜けて〝安定〟している点が、何にも代えがたい魅力です。

先ほど、教員と民間企業の「平均初任給」を比較し、その差がほとんどないことを説明しました。ただ、数字を細かく見ると、異なる側面が見えてきます。教員の給料に比べて、民間企業の給料は、企業間格差が大きいのです。

民間企業の中には、初任給が30万円を超えるところもある一方で、17万～18万円というところもあります。金融系や保険系が比較的高いのに対し、メーカーは全体的に安めです。その代わりに、福利厚生が充実していたりします。

一方で、教員の初任給は、自治体によって差があるものの、ほぼ平均値である22万～23万円付近に集中しています。大卒初任給が30万円を超える自治体もなければ、17万～18万円という自治体もありません。

また、民間企業の給料は、業績によって上下します。特に、金融や保険など、景気に左右されやすい業界は顕著です。ボーナスの額も、年によって大きく異なります。急な業績悪化により、支給額が前年の半分以下になるなんてこともあります。

一方で、公立学校の教員は、給料が業績によって上下することはほとんどありません。基本的に、緩やかな右肩上がり。年齢を重ねれば、収入は着実に増えていきます。ボーナスが乱高下することもありません。給料が倍に跳ね上がる喜びはないものの、半分になったりするリスクもない。この〝安定性〟は、人生設計を組み立てる上でとても有り難いことです。

余談ですが、教員や公務員は、住宅ローンも容易に組めます。一般的に、住宅ローンを組む際には金融機関による審査がありますが、教員は最も通りやすい職種の一つです。私は以前、マンションを買おうとして、審査を依頼していたところ、不動産業者から連絡が入り「別の人の審査が先に通ったので、あの物件は売れてしまいました」と言われたことがあります。私より後で申し込んだ人が、あっという間に審査を通り、契約をしてしまったのです。不動産業者に聞いたところ、その方は公務員でした。自営業だった私は、悔しい思いをしたものです。

女性の場合、育児休業制度が恵まれている点も大きな魅力です。育児休業は、子どもが3歳

◆退職金の高い自治体ベスト5

| | | |
|---|---|---|
| 1位 | 名古屋市 | 2,612万円 |
| 2位 | 堺市 | 2,502万円 |
| 3位 | 川崎市 | 2,490万円 |
| 4位 | 神戸市 | 2,466万円 |
| 5位 | 横浜市 | 2,443万円 |

◆退職金の低い自治体ベスト5

| | | |
|---|---|---|
| 1位 | 沖縄県 | 2,170万円 |
| 2位 | 岐阜県 | 2,198万円 |
| 3位 | 浜松市 | 2,215万円 |
| 4位 | 鳥取県 | 2,249万円 |
| 5位 | 福岡市 | 2,255万円 |

※データはいずれも「平成28年給与・定員等の調査結果等」（総務省）より引用

になるまで取得可能で、子どもが1歳になるまでは、公立学校共済組合から給料の約半額が支給されます。加えて、職場を離れる前も、職場に復帰した後も、嫌味を言われるようなことは、まずもってありません。いわゆる「マタニティ・ハラスメント（マタハラ）」が、起きにくい職場なのです。

また、退職金も民間企業に比べて恵まれています。60歳で定年退職を迎える教員の平均支給額は約２３４２万円。自治体による差はあるものの、概ね２２００万～２６００万円の間に固まっています。夫婦そろって教員という家庭では、５０００万円以上のお金が入ることもあるわけです。ちょっとした〝退職金御殿〟が建つかもしれません。

民間企業との比較では、どうなのでしょうか。日本経済団体連合会が実施した調査によると、大卒定年退職者の平均的な退職金は２３７４万円。教員とほぼ同等となっています。ただし、これは比較的規模の大きい会社の「総合職」を対象にした数値であり、中小企業を含めれば、その平均額はぐっと低くなります。

こうして見ても、教員という職業は収入面での安定性が高く、普通に生活している限りは、「食っていけなくなる」ことはないことが分かります。年金も安定しているので、老後の生活に困ることもまずないでしょう。

## ◉企業戦士が気がかりな〝アレ〟がない

民間企業に勤める人が最も恐れるもの、それは会社の〝倒産〟と〝リストラ〟です。昨今の経済情勢を見る限り、どんな大企業に勤めていようとも、これに直面するリスクはあります。

実際、かつては世界的なシェアを誇っていた日本企業が、倒産の危機に瀕したり、他国の企業に買収されたりといったニュースを目にした人も多いでしょう。社員の多くは、「まさか自分の会社が……」と思ったに違いありません。

背景には、経済社会のグローバル化があります。これまでは、国内企業とだけ戦っていればよかったものが、近年では国境を越えた戦いが求められています。そうした荒波の中で、消費者のニーズを汲み取れず、短期間で没落してしまう大企業が出てきているのです。

その一方、教員の場合、少なくとも「倒産」で失業することはありません。たとえ、大規模な行政改革によって、自治体の合併があったとしても、教員の身分は保障されます。つまり、よほどのことがない限り、〝リストラ〟の憂き目にあうことがないのです。

もちろん、不祥事を起こして懲戒免職（いわゆるクビ）になったり、精神疾患になって退職を余儀なくされたりすることはあります。ただ、それは個人の事情であり、雇用する側の都合で雇用契約を解除されることは、基本的にありません。

遠方への転勤がないのも、教員という職種の特徴です。民間企業では、地方や海外への転勤を余儀なくされることがあり、家族の状況によっては、単身赴任を余儀なくされる可能性があります。あるいは、家族一緒に転勤するかわりに、買ったばかりの

マンションを売却せざるを得ない……なんてこともあります。

一方、教員の異動は、自治体の中だけです。東京都など、一部の自治体では、離島での勤務を打診される可能性がありますが、そうした例外を除けば、単身赴任を余儀なくされることはありません。自治体内の異動も、一般教員のうちは、比較的限定されたエリア内で行われます。マイホームも、安心して購入できるでしょう。

こうして見ても、教師という職業は安定していて、生活設計を立てやすいことが分かります。「安定」「生活設計」といわれても、高校生や大学生の人たちには、今ひとつ現実味がわかないかもしれません。職業選択においては、「もっと夢のある話を聞きたい」と思う人もいると思います。ただ、お金の話、待遇の話は、バカにしてはいけないと私は思います。

人生には、さまざまな岐路があります。結婚、出産、マイホーム購入……。そうした人生上の〝選択〟をしていく上で、収入・待遇面の安定ほど武器になるものはありません。言い換えれば、収入的な不安定さが理由で、思うような人生選択ができない人も、世の中にはたくさんいます。教師という仕事の魅力、醍醐味については後ほど述べますので、まずはそうした収入・待遇面の特性があることを覚えておいてください。これは、教師という職業が、他の職業に勝っている大きなポイントなのです。

02

# 忙しさ
## ――報道される「過重労働」の実態とは

次に「忙しさ」の話です。いくら、給料や待遇面で安定していても、「忙しさ」が半端でなければ、その職に就くのに二の足を踏むことでしょう。最近は、「ブラック」だなんて噂も飛んでいますが、実際のところどうなのでしょうか。

### ◉労働時間は、民間企業と比べてどうなのか

２０１６年12月に、連合総合生活開発研究所が、教員の労働時間について調査結果をまとめています。それを見ると、出勤時間と退勤時間の平均値は、次のようになっています。

### ◆出勤・退勤時間の比較

| | 出勤時間 | 退勤時間 | 職場にいる時間 |
|---|---|---|---|
| 小学校教職員 | 7時31分 | 19時04分 | 11時間33分 |
| 中学校教職員 | 7時25分 | 19時37分 | 12時間12分 |
| 労働者全般 | 9時00分 | 18時15分 | 9時間15分 |

※連合総合生活開発研究所「日本における教職員の働き方・労働時間の実態に関する研究委員会報告書」をもとに作成

上の表の右側の「職場にいる時間」の長さで比較すると、労働者の平均値よりも、小学校の教職員で2時間以上、中学校の教職員で3時間近く、長くなっているのが分かります。このデータを見ても、「教師の労働時間は民間企業よりも長い」という事実を指摘することができます。

とはいえ、これは「平均値」であり、実際の労働時間は個人によって異なります。これは、教員も民間企業も同じで、担当部署や担当業務によって、労働時間には大きな差があります。同じ職場でも、毎日深夜まで残業している人もいれば、定時に退職する人もいます。

教員についても、月の残業時間が「40時間未満」の人もいれば、「100時間以上」の人もいるという状況が、調査によって明らかになっています。なぜ、こうした個人差は生じるのでしょうか。同じ学校に所属し、毎日5~6時間の授業をしているのであれば、勤務時間の差はさほど生じないはずです。

個人差が生じる一番の理由は、主として授業以外の仕事量です。教師は、授業以外にもたくさんの仕事を抱えていますが、この量については、必ずしも均一とは限りません。例えば、中学校の部活動は、どの部の顧問となるかによって、仕事量は大きく変わってきます。週に数日しか活動しない部の顧問になれば、必然的に負担は小さくなります。

行事運営なども、割り振られる仕事量は均一ではありません。多くの仕事が与えられる教員がいる一方で、さほど役割が与えられない教員もいます。

こうした話を聞くと、「不公平だ！」と思う人もいるでしょう。しかしながら、これは業種を問わず、どんな職場でもいえることです。

仕事をたくさん割り振られる人の多くは、社交的で周囲に好かれる人や仕事がよくできる人です。仕事を依頼する側の立場を考えれば、嫌な顔をせずに、迅速・的確にこなしてくれる人に頼もうと思うのは、自然のことでしょう。

しかしながら、先述したように、教員の残業手当は「教職調整額」という名目で、４％が一律に支給されるにすぎません。そのため、仕事を多く抱えれば、〝タダ働き〟の時間が増えます。ならば、周囲に頼られず、信頼されない存在になった方が得ではないか……と考えることもできます。

考え方は人それぞれ自由ですが、私自身は、そんなふうに考えるのはもったいないと思います。周囲に頼られ、多くの仕事を抱えれば、それは人間的な成長につながります。仕事がどんどん面白くなり、やりがいが出てきて、教師というキャリアの目標らしきものも見えてくるでしょう。

## ◉学校は本当に「ブラック」なのか

最近、新聞やテレビなどで、教師の「過重労働」が報道されています。月の残業時間が「過労死ライン」の80時間を超える教員が、中学校では6割近くに上るとのニュースも流れています。また、学校という職場を「ブラック」だと糾弾する記事も見受けられます。学校は、本当にそんなに〝トンデモ〟な職場なのでしょうか。

事実関係だけを見れば、教師の労働時間が一般企業より長いのは確かですし、80時間以上残業する教員が6割という情報にも嘘偽りはありません。残業手当が一定額以上出ないのをいいことに、雇用主である行政が、教員をこき使っている……という指摘も、あながち間違いとはいえないでしょう。

しかしながら、「過労死」「ブラック」という言葉は、やや行き過ぎた表現のように私は思います。民間の「ブラック企業」が利益追求を目的に、社員に圧力をかけてくるのと比べれば、学校の多忙さは、やや様相が違っているからです。

以前、知人の先生に、「忙しさ」について聞いてみたことがあります。その先生は30代後半の中堅教員。校長からの信頼も厚く、後輩の教員からも慕われています。当然、学校でも中核的役割を担い、多くの仕事をこなしています。その先生が、教師の「忙しさ」についてこう語ってくれたのです。

「確かに以前よりは大変になっています。でも、忙しいと感じるか否かは、〝その人次第〟だと思います」

もちろん、これは一教員の見解にすぎませんし、この先生とは異なる感想を持つ人もいるでしょう。しかしながら、「その人次第」という言葉は、教師という仕事の特殊性をよく表しているように私は思います。

実際、教員の中には、膨大な業務を抱えているのに、「忙しい」と思っていない人が、少なからずいます。夜遅くまで教材づくりなどにいそしみ、月の残業が80時間に上っても、それを

「子どものため」だとして、さほど苦痛に思わない人がいるのです。
　また、日々の忙しさは、その人の仕事に対するスタンス次第という側面もあります。例えば、同じ小学6年生の担任なのに、ある先生は定時退勤で、ある先生は深夜残業というケースがあります。これは、要領の良さや仕事のスピードによるところもありますが、〝プラスα〟の仕事をどれだけやろうとするか、仕事との向き合い方による部分もあります。
　こうした状況を見ても、学校の忙しさとブラック企業の忙しさを、単純に比較できないことが分かると思います。つまり、「労働時間」と「多忙感」は、必ずしも比例するわけではないのです。スポーツの練習も、「やらされている」と思えば精神的に厳しいものがあります。一方で、「うまくなりたい」と思い、自主的に練習を重ねれば、それが大変だとは思いません。仕事もそれと同じで、「やりがい」が感じられれば、多少は労働時間が長くなっても、ストレスは大きくありません。

それを裏付けるデータもあります。ＯＥＣＤ（経済協力開発機構）が教員を対象に実施した調査によると、「全体として見れば、この仕事に満足している」教員が、85％にも上っているのです。学校が「ブラック」であれば、こうしたデータが出てくるはずはありません。多くの教員が、忙しい毎日を送りながらも、仕事にやりがいを感じていることが分かります。

また、忙しさの解消に向けた整備も進んできています。２０１７年12月には、文部科学省から「学校における働き方改革に関する緊急対策」が公表され、教師が担うべき仕事とそうでない仕事の具体的内容などが示されました。また、教師の雑務を助ける「スクール・サポート・スタッフ」、部活動の指導を担う「部活動指導員」を配置するなどの予算措置も行われています。

もちろん、教員の残業手当が一律にしか支払われないこと、多くの仕事をこなしても給料に反映されないことなどは、改善を図っていくべき課題だと思います。しかしながら、民間の「ブラック企業」とは状況が違っていることだけは、覚えておいていただきたいと思います。

# 03 大変さ――昔に比べて〝きつく〟なっている？

教員の〝忙しさ〟と並んで、よく飛び込んでくるのがが、〝大変さ〟に関わるニュースです。「子どもの問題行動が増えている」「モンスターペアレントが増えている」などの情報を目にした人もいるでしょう。さらには、「教員の精神疾患が増えている」なんてニュースも流れています。教師を目指そうかと考えている人にとっては、何とも気がかりな情報……。果たして、真相はどうなのでしょうか。

## ◉過去20年、教師の仕事はどう変わったか

教師の仕事内容が大変になっているという指摘は、私もそのとおりだと思います。過去20年ほどの間、多くの先生方と話をしてきましたが、仕事の内容は年を追うにつれて、複雑かつ難しくなってきているように見えます。

その一つが、さまざまな制度改革への対応です。過去20年を見ても、学校では多くの改革が行われ、そのたびに教員は仕事内容の変更・調整を迫られてきました。一般の人から見ると、学校は何十年もの間、さほど変わっていないように見えますが、実際には変化や改革の荒波にもまれ続けてきたのです。

例えば、小中高校では現在、週に2時間ほど「総合的な学習の時間」が行われています。この時間は２００2年度に導入されたものですが、教科書がありません。そのため、先生は自分の頭で指導内容を考え、教材を準備し、授業する必要があります。毎週、多くの授業を抱えている先生方にとって、その負担は決して小さくありません。

小学校では、２０１１年度から、「外国語活動」が始まりました。小学校の先生にとっては、これまで英語を教える機会なんてなかったわけですから一大事です。

「小学校の先生なら、苦手な英語をやらずに済むと思ったのに……」と、恨み節を唱えている先生もいることでしょう。２０２０年からは、高学年で教科化もされます。

ここ数年は、ＩＣＴ機器を活用した授業も行われています。機械が苦手な先生にとっては、電子黒板やパソコン、タブレット端末などを使いこなすのに、苦労している人も多いと思います。

また、これからの教員には、授業スタイルの変革も求められています。通常の授業は、先生が黒板とチョークを使って子どもたちに説明するというものですが、それだけでは知識や技能が身についても、「思考力」や「表現力」が身につかないとして、「ペアワーク」や「グループワーク」などを取り入れるという方向性が、国レベルで示されているのです。長らく、講義形式の授業を行ってきた学校にとって、これは大きな変革だといえます。

変わったのは、授業だけではありません。例えば、通知表のつけ方も、以前とは大きく変わってきています。その昔は、いわゆる「相対評価」が中心で、子どもたちを成績順に並べていけば、おのずと評定がつく形でしたが、現在はそれが「絶対評価」に変わり、複雑な評価規準に沿って成績をつける必要があります。そのため、通知表の作成にかかる負担は、以前とは比べ物にならないほど大きくなっています。

とはいえ、時代が変われば、仕事の内容が変わるのはどんな業界も同じです。例えば、ある

◆過去20年間の主な教育改革

| 年度 | 改革の概要 | 教員の負担 |
| --- | --- | --- |
| 2002 | 「総合的な学習の時間」の導入 | 教科書がない！<br>教員自身が教える内容を計画・立案 |
| | 絶対評価の導入 | 通知表の作成が煩雑に！ |
| 2007 | 学校評価の制度化 | アンケート調査と<br>集計などをする必要が・・・ |
| | 全国学力テストの実施 | 全国の全学校が参加<br>実施主体はもちろん学校 |
| 2011～ | 学習指導要領の改訂 | 「ゆとり教育批判」を受け<br>教育内容が大幅増！ |
| | 小学校で「外国語活動」が開始 | 小学校教員は授業準備に<br>てんやわんや・・・ |
| 2020～ | 学習指導要領の改訂（予定） | 一斉講義形式の授業からの<br>脱却が必要!? |

日本のメーカーは、生産量の勝負では中国メーカーにかなわないと判断し、技術やノウハウをコンサルティングする事業に重点をシフトしました。当然、個々の社員に求められる能力・スキルも大きく変わってきています。

私が身をおく出版業界も、電子化の波が押し寄せています。多くの人々が、スマートフォンを持ち、ネットワークゲーム等に興じる中で、本そのものが売れなくなっている実態もあります。そんな中で、どのようにに売上を確保するのか、個々の編集者や営業担当者に求められるスキルやノウハウもより高度になってきているのです。

教師は未来を創る仕事です。そう考えれ

ば、時代とともに教育内容・方法を柔軟に変えていく役目を担っているのは、やむを得ないとの見方もできます。つまり、先生自身も学び続けることが求められているわけで、この点は覚悟した上で、教員を目指してほしいと思います。

## ◉教室を取り巻く、ある劇的な変化

仕事内容が時代とともに変わるのは、どの業界も同じです。この点は、教師という仕事に限った話ではないので、〝泣き言〟をいっても仕方がありません。さらにいえば、「変化を求められない仕事」というものは、その多くがＡＩ（人工知能）を搭載したロボット等に、置き換えられてしまう可能性があると私は思います。

一方で、教師の〝泣き言〟に同調したいのは、子どもや保護者が変容してきた点です。その対応は、以前よりも難しくなってきています。

例えば、日本語が十分に話せない外国籍の子どもの数は、10年前との比較で約1・5倍にも増加しました。在籍割合は地域によって異なりますが、全体的に見れば、今後も増えていく可能性は高いと思われます。

また、近年は「発達障害」のある子どもも増えているといわれます。読むことや書くこと、計算することなど、特定の作業に困難のある「学習障害」、集中力が持続せず、すぐに立ち歩いてしまう「注意欠陥多動性障害（ＡＤＨＤ）」、また、「自閉症」や「アスペルガー症候群」等……。文部科学省の調査によると、「発達障害」の子どもは、40人学級に２～３人は在籍するとの結果も出ています。

こうして見ても、子どもが〝多様化〟している実態がお分かりいただけるかと思います。教師は、さまざまな子どもがいる学級を束ね、授業を成立させ、子どもたちに「豊かな心」や「確かな学力」を養っていかねばならないわけです。

こうした状況がある中で、１人の教師が30～40人を受け持つのは、現実的に難しくなっているというのが私の個人的な見解です。

「ならば、１学級当たりの子どもの数を減らせばよいではないか」

そういう人もいるでしょう。しかし、話はそう簡単ではありません。１学級当たりの子どもの数は基本的に法律で決められていて、小学校１年生は35人、それ以外は40人が上限とされています。この上限を引き下げるには、教員の数を増やさなければなりませんが、国家財政的に

◆公立小中学校の
学級編制基準（小１を除く）

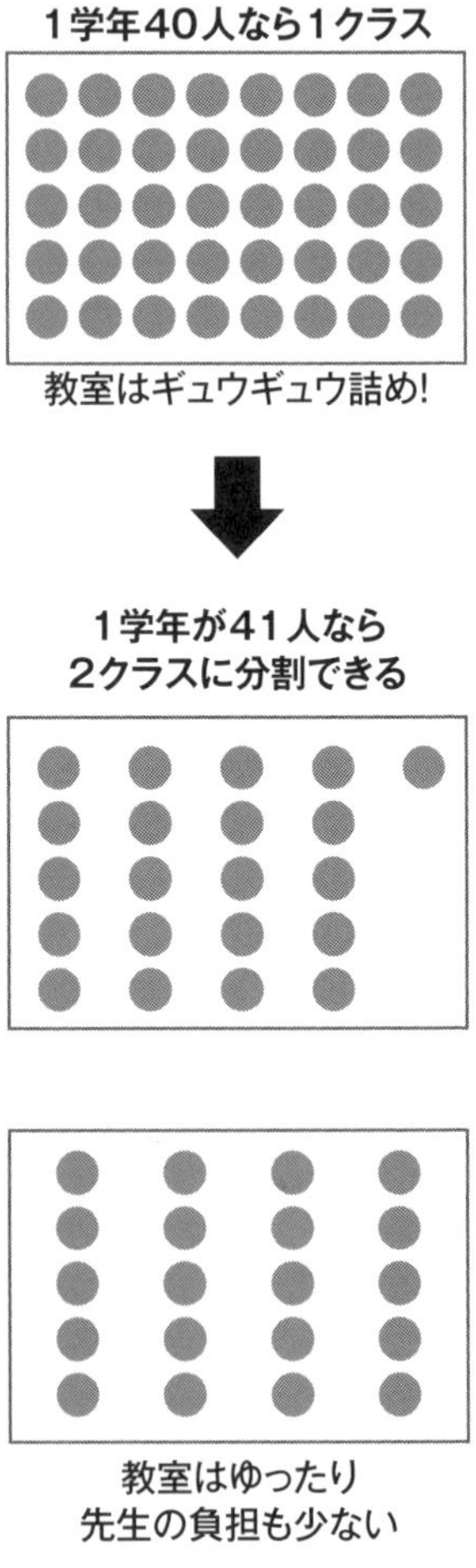
1学年40人なら1クラス
教室はギュウギュウ詰め!
1学年が41人なら
2クラスに分割できる
教室はゆったり
先生の負担も少ない

厳しい状況があるのです。

とはいえ、子どもたちが多様化し、学級経営が難しくなる中で、何のケアもしなければ、教育の質が低下するだけです。視点を変えれば、１学級当たりの児童生徒数を減らせば、いじめや不登校が減り、学力だって高まることでしょう。この点は、国レベルで真剣に議論していくべき時期に来ていると私は思います。

◆いじめの認知件数の推移

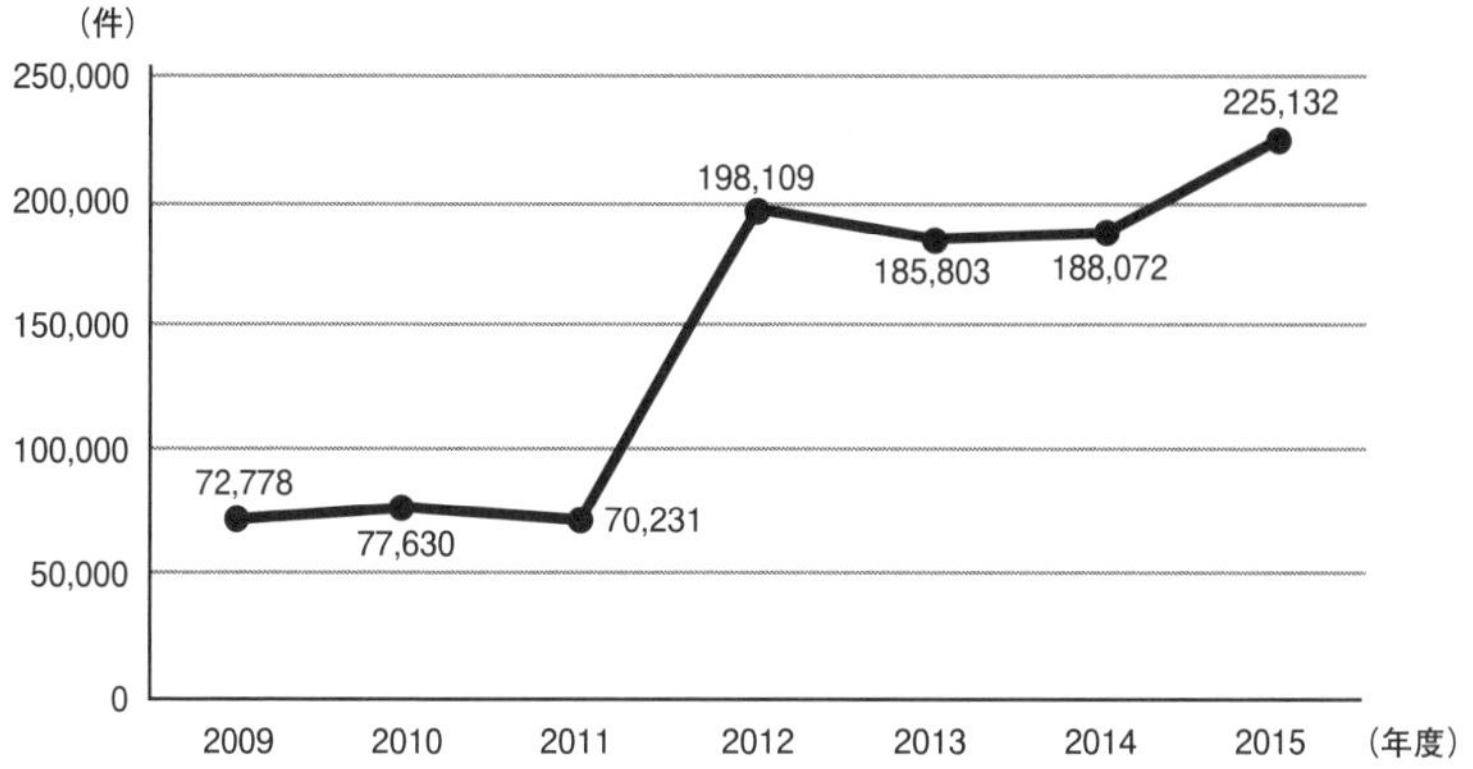


## ◉「いじめ」や「校内暴力」は増えているのか

子どもたちが変容していく中で、教師を目指す人の中には、「いじめ」や「校内暴力」などへの対応に、不安を覚える人もいると思います。ここ最近、「いじめが増加している」とか、「先生が生徒に暴力を振るわれた」とかいうニュースを聞いた人もいるでしょう。果たして、実態はどうなのでしょうか。

全国的な状況を見ると、「いじめ」についてはここ数年、統計的には増えています。２０１５年度におけるいじめの認知件数は、全校種合計で22万５１３２件。14年度が18万８０７２件、13年度が18万５８０３件ですから、着実に増加していることが分かります。

しかし、この数字を額面どおりに受け取ってはいけません。前ページの図は、過去7年間のいじめの件数の推移です。これを見て、何か気づくことはないでしょうか。２０１１年から12年にかけて、３倍近くも急激に跳ね上がっているのです。

一体、何があったのでしょうか。子どもたちが、何かに触発されて、暴力的・攻撃的にでもなったのでしょうか。

実をいうと、この急激な上昇は、「調査のやり方」が変わったことによるものです。すなわち、いじめ自体が大幅に増えたという事実を示すものではありません。いじめの数は「認知件数」という耳慣れない言葉が使われていますが、これは学校が「認知」できた件数、つまり「発見」「把握」できた件数のことを指します。そのため、調査をどのくらい細かく丁寧に行ったかによって、カウントされる数字が違ってくるのです。２０１２年度に急上昇しているのは、前年に滋賀県大津市で中学生のいじめ自殺事件が発覚したことを受け、より綿密な調査が行われたからなのです。

いじめが実際に増えているかどうかは、調査結果からは判断できません。ですから、ここ3年の調査も含め、統計値の増加自体はさほど気に病むことはないでしょう。むしろ、いじめは

### ◆暴力行為発生件数の推移

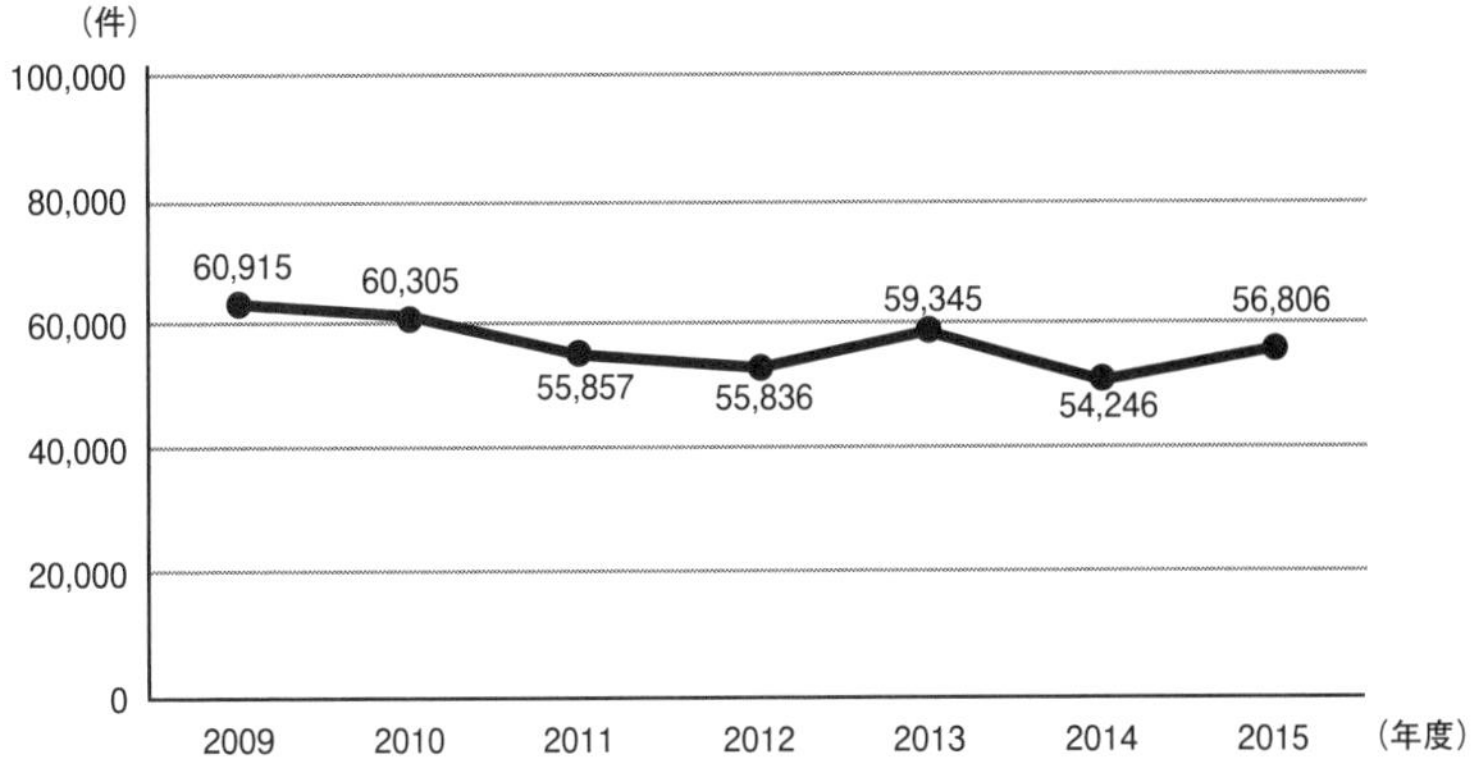


※文部科学省「児童生徒の問題行動等生徒指導上の諸問題に関する調査」の結果をもとに作成。

普遍的な課題であり、今も昔も変わらずに存在し続けています。恐らく、状況は読者の皆さんの学校時代とさほど変わっていないことでしょう。

もう一つ、「校内暴力」はどうでしょうか。上の図を見ても分かるように、暴力行為の全国的な状況は、ここ数年ほぼ横ばい状況にあります。先生が生徒に暴力を振るわれているような映像がネットやテレビで流れると、「最近の子どもは凶暴化しているのだろうか……」なんて不安に思う人もいるかもしれません。しかし、少なくとも統計値を見る限り、「校内暴力が増えている」という事実はありません。

とはいえ、子どもへの指導が難しくなってきている状況は、確かにあると思います。以前は、子どもに多少厳しく指導をしても、教室内での出来事として、問題になることはありませんでした。一方で最近は、指導が行き過ぎると、子どもから保護者に情報が伝わり、苦情を寄せられる……なんてケースも珍しくありません。そのため、指導のやり方には、どの先生も多少は気を遣うようになっています。

いじめへの対応も、昔より難しくなっています。特に、中高生のいじめは、ネット上で行われるケースが増え、発見が困難です。教師からは見えないところで起きている出来事が、教室内での人間関係に影響を及ぼしているとなれば、学級の舵取りが難しくなるのは当然でしょう。けれども、教師としての指導の基本は、昔も今も変わりません。子どもの話に耳を傾け、深く理解し、粘り強く対話する。それを心掛けるしかありません。いじめや校内暴力などは、決して「増えている」わけではないので、その点は心配しないでいただきたいと思います。

## ◉「モンスターペアレント」はどのくらいいるのか

教師を目指す人にとって、もう一つ、気になるのは保護者への対応です。

「モンスターペアレント」という言葉を聞いたことのある人も少なくないでしょう。学校や教師の理不尽なクレームや要求を突き付けてくる親のことを指し、最近は「モンペ」などと略称で呼ばれることもあります。

「もし、自分が担任するクラスに、そんな保護者がいたらどうしよう……」と心配になる人もいると思います。実際に、「モンスターペアレント」はどのくらいいるのでしょうか。残念ながら、「モンスターペアレント」は、明確な定義のない〝俗称〟であり、公的な統計データは存在しません。ただ、「保護者の苦情が増えている」という話は、多くの関係者から聞きます。

「苦情」の具体例を見ると、思わず目を丸くしてしまうようなものもあります。次に挙げたのは、私自身が運営する「Teachers Online」（小野田正利・佐藤晴雄監修）というサイトに収録されたトラブル事例の一部です。

・運動会の雨天中止決定に「サッカーなら雨でもやる」とクレーム
・林間学校へ子どもをタクシーで連れてきて、タクシー代を請求
・始業式後、「仲が悪い子と同じなので、学級編制をやり直せ」
・娘をピアニストにするため「休み時間は外に出さないでほしい」

・日焼けするから、「うちの子はプールに入れないでほしい」
・うちの子が嫌いなヒジキが出る日は、クラス全員を弁当持参にしてほしい
・「担任の交代」と「教室の監視カメラ設置」を要求

「なんて理不尽な……」とあきれ返る人もいるでしょう。こうした苦情の数々を見ても、学校と保護者の関係性が、昔とは変わってきていることが分かります。

しかし、これらは極端な例です。決して、学校が日々、こんなクレームに

悩まされているわけではありません。これが学校の日常風景だったら、誰も教師なんて仕事をやりたがらないでしょう。

現実には、多くの先生が、保護者と良好な関係性を築き、大きなトラブルもなく1年間を過ごしています。「モンスターペアレント」に関わる情報が、時折耳に入ってくるのは、ニュースバリュー的に〝面白い〟からです。決して同様のトラブルが頻発しているわけではないので、その点は安心してほしいと思います。

私は「モンスターペアレント」という言葉自体、あまり好きではありません。「モンスター」は「怪物」の訳であり、人格を否定する言葉です。「モンスター」と呼んでしまえば、もはや良好な関係性の下で、対等な話し合いができなくなります。

以前、ある保護者が「学校に要望を伝えたいけど、『モンペ』と言われそうで躊躇してしまう」と話していたことがあります。時には保護者の要望が「正当」である可能性もあるわけで、非常に良くない状況です。相互が信頼関係を築いていく上でも、教師になる人には「モンスターペアレント」という言葉を使ってほしくないと私は思います。

保護者とのトラブルが起きるか否かは、先生次第という側面もあります。日頃から、こまめに連絡を取り合い、信頼関係を築いていれば、小さな不手際やトラブルには、目をつぶってくれることもあります。これから教師になる人には、そうした姿勢で保護者の方々と付き合ってほしいと私は思います。

民間企業においても、客から理不尽なクレームを受けることはあります。コンビニや飲食店でバイトをしたことのある人なら、そうした経験のある人も多いでしょう。

人々の権利意識が高まる中、商品やサービスに文句をつけたがる人が増えているのはどの業界も同じであり、学校だけが特別ではないことは、覚えておいていただきたいと思います。

# 04 ストレス――心を病む教師が増えている？

ここまで述べてきたように、教師という職業は労働時間が長く、なかなか大変な仕事です。もちろん、それ以上の〝やりがい〟もありますが、着任すれば相応にストレスもたまることでしょう。

けれど、どんな仕事も〝ストレスフリー〟なんてことはありませんので、その点はやむを得ないことかもしれません。一方で、教師には、他の仕事にはない特有のストレスというものもあります。

## ◉仕事上のストレスは芸能人と似ている!?

教師特有の〝ストレス〟、その最たるものは、常に〝公人〟として振る舞わなければならないストレスです。

学校の先生は、その地域において、ちょっとした有名人です。街中を歩いていても、教え子やその保護者、卒業生などに、どこかで見られている可能性があります。自分は相手に気づいていなくとも、相手は自分に気づいている。そんなことは日常茶飯事です。

だから、ヘタな真似はできません。タバコのポイ捨てや歩きスマホ、電車内での通話など誰かに見られようものなら、学校で悪い噂が立ちます。見知らぬ異性と車に乗っているところを見られ、学校中の話題になることもあるでしょう。だらしのない格好で街中を歩くことはできませんし、女性の場合はメイクなどにも気を遣います。

地方在住のある先生が、東京へ出張で来たとき、こんなことを話していました。

「東京へ来ると、子どもや保護者に見られる心配がないのでほっとします。地元では、パチンコ店に入るのすら、気兼ねしますからね……」

成人がパチンコをすること自体、別に悪いことではありません。しかし、〝教師〟という立場で指導をしている身としては、子どもには見せたくない姿なのでしょう。この点は、他の職業との大きな違いだと言えます。

以前、ある温泉街の女将が、こんな話をしていました。

「いろんなお客さんがいる中で、最も宴会が盛り上がり、乱れがちになるのは学校の先生です。特に、男性だけのグループの場合は、ちょっとした乱痴気騒ぎになります。きっと、日頃のストレスがたまっているのでしょうね」

女将のいう〝日頃のストレス〟とは、公人として振る舞わねばならないプ

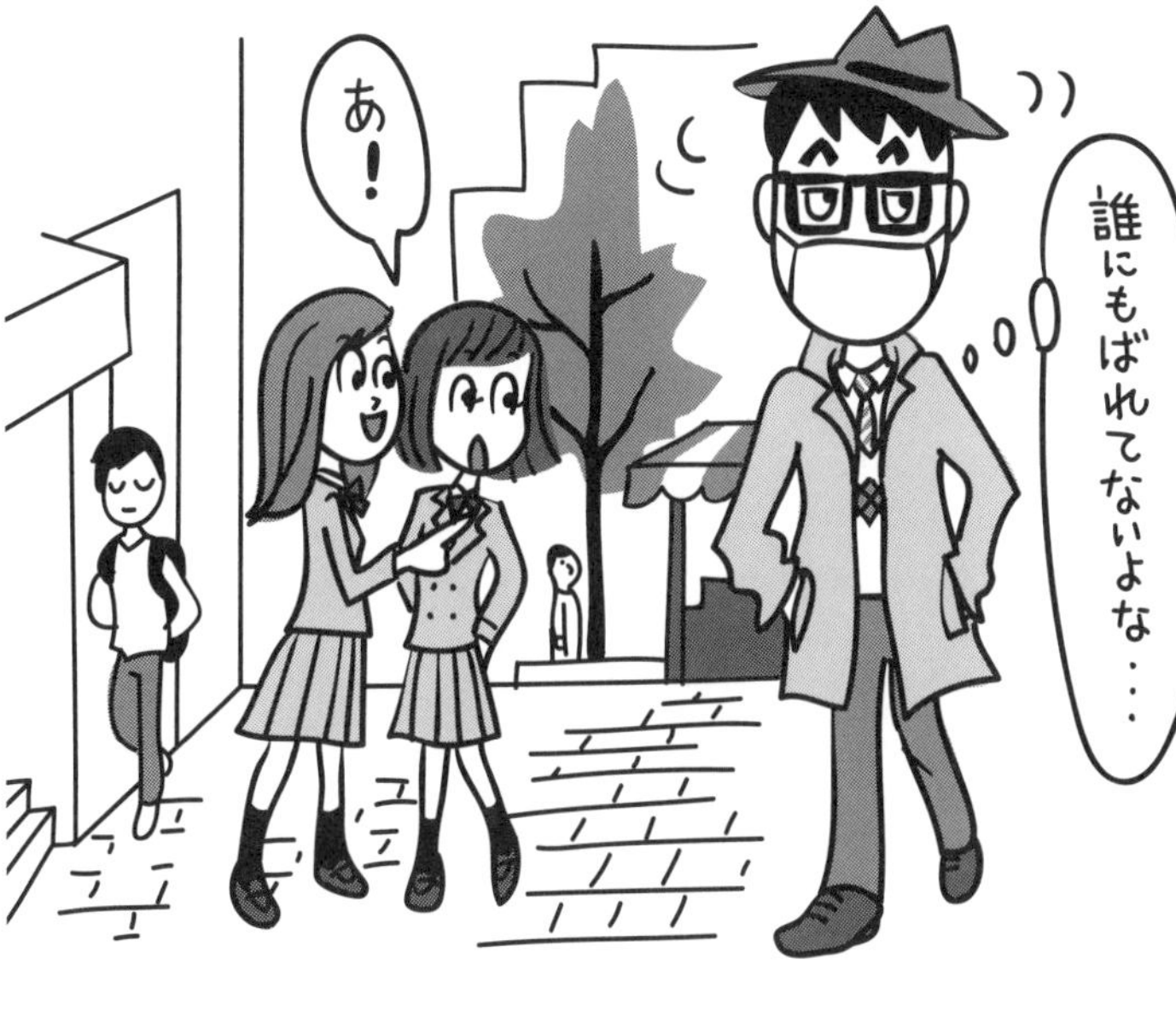

レッシャーのことです。それが大きいだけに、温泉街など世間から隔離された所へ来ると、気分が解放されるのでしょう。

公人としての振る舞いは、ネット上でも求められます。

以前、ある女性教員が、フェイスブック上で保護者を揶揄するようなことを書いたところ、それが発覚・拡散されて処分を受けたことがあります。

その先生曰く、「身近な友達以外の目には、触れないと思っていた」とのこと。投稿の公開設定を間違えていたのかもしれませんが、教師はネット上でも教師らしく振る舞わねばならないことを物語るエピソードです。

同様のプレッシャーにさらされる仕事といえば、芸能人やスポーツ選手など、限られています。教師を目指そうと考えている人は、同様の〝有名税〟を払わなければならない点は少々覚悟しておいた方がよいでしょう。

## ◉〝精神疾患による休職者が急増〟報道の真相とは？

時折、「精神疾患になる教員が増えている」という記事を目にします。教師を目指す人にとっ

◆教育職員の精神疾患による病気休職者数の推移

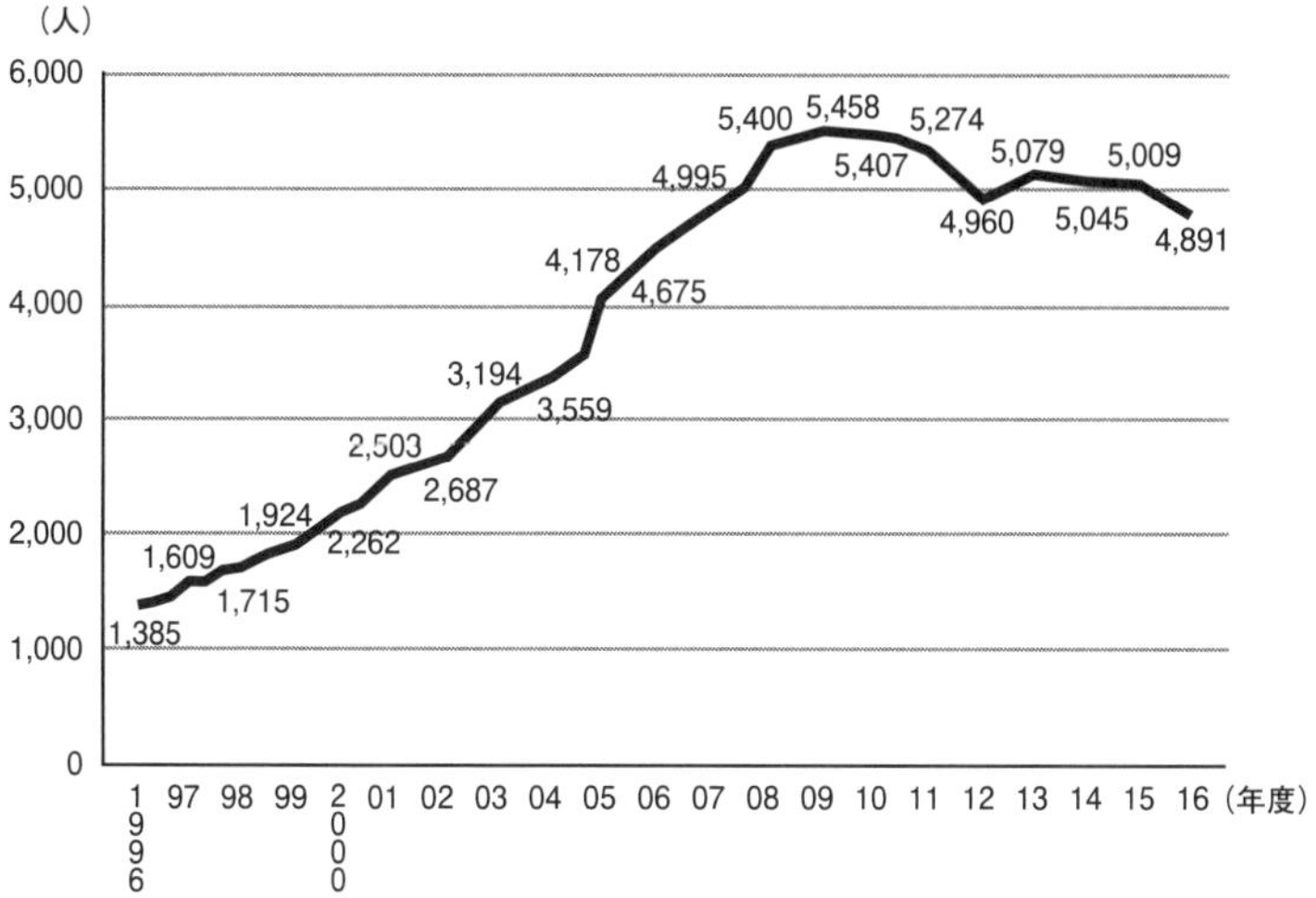


※文部科学省「公立学校教職員の人事行政状況調査」より作成

ては、気になる情報……。果たして、真偽のほどはどうなのでしょうか。

精神疾患で病気休職する教員の数は、文部科学省が統計を取っており、２０１６年度は全国で４８９１人でした。１９９６年度が１３８５人でしたから、20年の間に3倍以上にも膨れ上がった計算になります。ただ、２００７年度以降は、横ばい状態が続いていて、ここ3年はわずかながら減少しています。

この状況を「増えている」と見るか、「変わらない」と見るかは難しいところです。20年前よりは圧倒的に多いわけですから、「高止まりしている」との見方が正しいのかもしれません。

ここまで述べてきたとおり、学校教育は変化の荒波にさらされ続けてきました。過去20年間を見ても、人員は増えず、仕事量だけが増え続けてきたという感じです。その結果、教員のストレスが高まり、精神疾患が増えたとの見方もできると思います。

ただ、同様のことは民間企業にもいえます。過去20年間、景気低迷が続く厳しい情勢の中で何とか利益を上げようと、多くの企業が社員の尻を叩き続けてきました。事実、精神疾患になる人の数は、学校の教員に限らず、社会全体としても増え続けています。教員の精神疾患が、民間企業よりも多いという統計的なデータも存在しません。

また、２０１６年度に精神疾患で休職した教員の「４８９１人」という数字は、多いように見えますが、全体から見た割合でいえば０・53％にすぎません。１００人中１人にも満たないわけですから、統計的に「多い」と見るかどうかは微妙です。

とはいえ、20年前との比較でいえば、教師が精神疾患になるリスクが高くなっているのは事実です。多いのは、学級の運営がうまくいかなくなったり、保護者への対応でトラブルになったりといったことがきっかけとなって、強度のストレスが長期化した場合です。そして、周囲の適切なサポートを受けられずに、孤立した場合に、そのリスクはより高くなります。

教師は、真面目で責任感の強い人が多い職業です。その点では、他職種よりも、ストレスを一人で抱え込む可能性は高いかもしれません。大切なのは、何か問題を抱え込んだときに一人で抱え込まないこと、そして上手に気分転換する術を身につけることです。それができれば、心の病になるリスクは大幅に軽減されるでしょう。

一時期、教員の精神疾患が上昇し続けていた頃は、全体に占める割合も1％、2％と高まっていくことが懸念されていました。しかし、その後は何とか横ばいとなり、行政のサポート体制も整えられつつあります。

教師という仕事の労働時間が延び、大変さが増しているのは事実です。ただ、「精神疾患による病気休職者数」をめぐるデータについては、教師を目指す人が深刻にとらえるものとは考えない方がよいと私は思っています。

# 05 人間関係——上司・先輩・同僚との付き合い

「仕事・職場を選ぶ上で、何を基準にしますか?」という質問に対し、「給料」や「労働時間」と並んでよく挙げられるのが「職場の人間関係」です。学校における上司・先輩・同僚との人間関係は、どうなのでしょうか。

## ◉気になる「上下関係」の強さ

職場選びをする上で、「体育会系のノリで、上下関係の強い職場は嫌」という人は少なくありません。学校という職場の上下関係は、果たしてどんな感じなのでしょうか。

「上下関係」という点では、民間企業ほど体育会系のノリはないというのが、私の率直な印象です。そもそも学校は、職階による上下の序列が明確ではありません。校長・教頭など一部の役職を除けば、他は横並び。この点は、社長を頂点として、取締役、部長、課長、係長……とピラミッド型に序列化されている民間企業と大きく異なります。

例えば、飲み会での様子を見ても、民間企業ほど、先輩への所作や口の聞き方をうるさく言われることはありません。宴席での「上座・下座」を知らない教員も多いですし、敬語の使い方なども民間企業より緩やかです。

もちろん、教職経験年数による上下関係はあり、管理職を除けばすべてがフラットというわけではありません。先輩教員は後輩教員に、先輩らしい口のきき方をしますし、時に厳しく指導することもあります。後輩だからという理由で、面倒な雑用を頼まれることも

あるでしょう。しかし、そうした先輩・後輩関係も、民間企業に比べれば緩めです。

とはいえ、人間関係自体が希薄なのかといえば、そんなことはありません。むしろ、民間企業よりも濃密。先輩が後輩を誘ってお酒を飲みに行き、そこでの話題が思いのほかプライベートなことに及ぶこともあります。その傾向は、都市部より地方で顕著です。「職場では、個人的なことには立ち入ってほしくない」という人にとっては、少々面倒かもしれません。

学校の人間関係が濃密なのは、なぜなのでしょうか。私は、構成員のキャリアが〝均質化〟されているためだと考えています。小中学校時代は成績上位。地元の普通科高校を出て教員養成系の大学へ進学。そこで教員免許を得て採用試験に合格。そして教員1年生、2年生とキャリアを重ねていく……。そんな人が多数を占めています。

先輩教員から見れば、自分と同じ道をたどってくる後輩教員に親しみを覚え、時にお節介も焼きたくなります。生い立ちや価値観など、共通する部分が多いがゆえに、安心感が芽生え、プライベートなことにも立ち入りがちになるのです。

民間企業の場合、最近は転職・中途採用組が多く、職場の構成員が〝均質化〟されているとはいえない状況があります。もちろん、生え抜き社員ばかりの会社もありますが、そうした会社でも、教員社会と比べれば大学卒業までのキャリアにはばらつきがあります。民間企業が〝多民族〟的なのに対し、学校は〝単一民族〟的なのです。

それでも、都市部の学校では、少しずつキャリアの多様化も進んできています。校長や教頭が民間企業出身というケースも珍しくありません。それゆえに、10年前、20年前と比べれば、人間関係が薄まってきている状況はあると思います。教員同士の飲み会も、「昔よりは少なくなった」という人も増えています。

## ◉職員室に「いじめ」や「パワハラ」はあるのか

もう一つ気になるのは、職場でのいじめやパワハラ（パワーハラスメント）です。民間企業では、よく聞かれる話ですが、学校の職員室ではどうなのでしょうか。

教員は日々、子どもたちに「人権の尊重」や「思いやり」の大切さを教えています。「みんな仲良く、楽しいクラス」などを学級スローガンに掲げている教員もいるでしょう。そんな人たちがいじめやパワハラなどをするはずがない。教師を目指す人なら、そう思いたいところでしょう。

しかし、残念ながら学校の職員室にも、いじめやパワハラは存在します。実際、パワハラで処分を受けた先生もいれば、同僚にいじめられてうつ病になった先生もいます。それこそ「教育実習で指導教員にいじめられて、教師になるのをやめた」なんて学生も少なくありません。

小中高校時代を児童生徒として過ごしてきた皆さんにとって、職員室がそんな職場だったなんて、思いもよらないことでしょう。

「先生同士のいじめなんて、見たことがない」という人もいるかもしれません。しかし、それは表から見えないだけ。いじめとは、そうやって行われるものです。子どもは先生にばれないように、先生は子どもにばれないように、それぞれいじめをしているような状況が、学校にはあるのです。

「そんな職場なんだったら、教師になるのをやめようか……」

そう思う人もいるかもしれません。しかし、いじめやパワハラがあるのは、どんな職業も同じです。比較するデータはありませんが、学校の教員だけが特別に多いわけでも、少ないわけでもないと思います。たとえ、「人間関係が心配」という理由で他の職業を選んでも、回避できる問題ではないのです。

もちろん、いじめやパワハラが許されない行為であることは確かです。ですから、皆さんが教員になった暁には、同僚や後輩をいじめるようなことは、絶対にしてほしくないと思います。ただし、複数の人間が集う職場において、人間関係のこじれは多かれ少なかれ起こります。それは教員という〝聖職者〟の集団においても例外でなく、その点は心得ておいてほしいと思います。

## ◉どうする!? 組合への加入

あなたが教員になって、しばらくすると、先輩の教員からこう聞かれるかもしれません。

「労働組合に入らない？」

さて、どうしたものか。教員の労働組合には良からぬ噂も聞くし……。でも、断ったら職場の人間関係を悪くしそうだし……。そんなふうに悩んでしまうかもしれません。実際のところ、労働組合の加入は、どのように考えるべきなのでしょうか。

大企業には、必ず労働組合があります。経営者は、社員の給料・待遇などを優先的に決める権限を有しているので、その言いなりになれば、社員は安い賃金で酷使されてしまいかねません。そのため、労働組合を結成して団体での交渉を行い、折り合いがつかない場合はストライ

**◆主な教員の職員団体（2016年度）**

| 名称 | 略称 | 結成 | 組合員数 | 加入率 |
|---|---|---|---|---|
| 日本教職員組合 | 日教組 | 1947年 | 241,655人 | 23.6% |
| 全日本教職員組合 | 全教 | 1991年 | 41,741人 | 4.1% |
| 全日本教職員連盟 | 全日教連 | 1984年 | 19,019人 | 1.9% |
| 日本高等学校教職員組合 | 日高教 | 1950年 | 8,602人 | 0.8% |
| 全国教育管理職員団体協議会 | 全管協 | 1974年 | 3,905人 | 0.4% |

キ等の争議行為を行うわけです。

教職員の労働組合は、正式には「職員団体」といいます。ただし、交渉はできても、ストライキなどの争議行為は、法律で認められていません。この点は、民間企業の労働組合との大きな違いといえます。

ややこしいのは、教員の「職員団体」が一つではないことです。具体的には、上の表のような団体があります。

ご覧いただいて分かるように、似たような名称が並んでいて、覚えるのも一苦労……といった感じです。

これら五つの団体は、校種別に分かれているわけではありません。高校だけは「日本高等学校教職員組合」がありますが、他の組合に入っている高校教員もいます。

なぜ、こんなに複雑に分かれているかといえば、組織が〝分裂〟を繰り返したからです。分裂の主な理由は方針・考え方の違いによるものです。いわば「思想闘争」によって、袂を分かつようになったともいえます。

1947年に発足した日本教職員組合（日教組）は、教職員の労働条件や賃金などに留まらず、「教え子を再び戦場に送るな」をスローガンに、国や自治体と思想闘争を繰り広げてきました。その内容は、「日の丸・君が代問題」や「歴史教科書問題」、「学力テスト問題」など多岐にわたります。

単に、労働条件や賃金の交渉を目的とした組織であれば、さほど方針の違いも生まれないでしょう。しかし、教育論となれば話は別です。組合員間に微妙な考え方のズレが生じ、分裂していったのです。

教職員の組合に対しては、そうした「思想団体」的なイメージを持つ人も多く、それが結果として、加入率の低下を招いたとの見方もあります。

日教組の加入率は、1958年度時点で86・3％でしたが、2016年度は23・6％と、最盛期の3分の1以下となっています。新規に採用された教員の加入率は18・6％。5人に1人も加入していない状況です。

なお、50ページの表に示した各職員団体の加入率は、自治体によって異なります。つまり、都道府県によっては日教組の組合員が多かったり、全教の組合員が多かったりするわけです。また、校種によっても違ってきます。一つの学校に、異なる団体の組合員がいて、それぞれから勧誘されることだってあるかもしれません。

私見を述べれば、「教職員組合はイデオロギー集団だから、加入すべきではない」という見方は、やや偏見に満ちたものだと思います。先述したような教員の労働環境がある中で、組合が果たす役割は見過ごせません。

一方で、「先輩に誘われたから」と、深く考えずに加入するのも間違っています。勧誘された場合は即答せず、チラシ等をもらった上で「よく考えてみます」と返事をして、自身の価値観と照らし合わせて判断するのがよいでしょう。

## ◉やはり気になる恋愛・結婚事情

人間関係といえば、男女関係も気になるところです。PART1の最後に教員の恋愛事情、そして結婚について、少しだけ紹介します。

教員がどんな人と結婚しているのかというと、最も多いのは、やはり同僚です。あいにく、公的な調査データはありませんが、私個人の印象では、おおよそ半分～6割くらいが、同僚の教員と結婚しているように思われます。出会いの場は、勤務校、校外の研修会などが多く、仕事の大変さなどを語り合い、共感し合ううちに愛が芽生える……というケースが多いように思われます。また、教師を目指す大学生同士が、共に教員になってそのまま結婚というケースも少なくありません。

教員以外では、大学時代の同級生やサークル仲間などが多く、その場合、就職後早い段階で結婚というパターンが多いようです。もちろん、教員になった後に教員以外の人と出会い、結婚する人もありま す。ただ、合コンに行ったり、お見合いパーティー

に行ったりする人は少なく、出会いの場が多い職業とは決していえません。

教員の「未婚率」が低いことは、国の調査でも明らかになっています。2012年に総務省が実施した「就業構造基本調査」を基に、舞田敏彦氏が算出したデータによると、教員の生涯未婚率は男性が7・3％、女性が16・1％となっています。この数字は、全業種の平均値よりも低く、特に男性は医師（2・8％）、公務員（4・2％）などに次いで未婚率の低い職業となっています。

先述したように、教師という職業は雇用・賃金の面で〝安定〟しています。その恵まれた経済的地位が、未婚率の低さにつながっているのだと推察されます。

なお、教員が教え子の生徒と結婚……という話も、少なからずあります。ただ、在学中に男女の一線を越え、それが白日の下にさらされたら、必ず懲戒処分を受けます。それは、相思相愛であろうと、合意があろうと変わりません。

実際に、交際がばれて懲戒処分を受け、教員を退職した男性が、その後にその生徒と結婚したという、笑うに笑えない話もあります。なんだか理不尽……という人もいると思いますが、「教師・生徒」の関係である以上、恋愛は許されないというのが現状のルールなのです。

PART 2

# 「職業＝教師」、他の職業との違いを知る

Question

教師という職業の特徴は何ですか？
どんな人が向いていますか？

## Answer

教師は、いろいろな意味で、感情を揺さぶられる仕事です。
ただし「子どもが好き」だけでは務まりません。
「専門性」だけでなく、「人間性」も求められます。

# 06 特殊性 ——他の職業との大きな違いとは

ここまで、主に待遇面、労働時間、大変さなどの観点から、教師という職業を見てきました。ここからは、もう少し仕事内容に踏み込んで、職業的な特性、他の職業との違いについて見ていきたいと思います。

## ◉感情を揺さぶられる仕事

教師という仕事の最大の特性、それは〝感情を揺さぶられる〟機会が多いところにあると私は思います。

以前、私がある高校の卒業式を取材したときのことです。卒業生の一人が、涙を流しながら、両親や先生への感謝の言葉を語っていました。育ててくれてありがとう、迷惑ばかりかけてごめんなさい、立派な大人になります……。真っ赤に目をはらしながら、自身の思いを語り続ける女子生徒の姿を見て、私も思わずもらい泣きをしました。

冷静になって考えたら、私はその日、たまたまそこに居合わせた第三者にすぎません。いわば「赤の他人」です。それでも、もらい泣きをするほど、そのシーンは感動的でした。もし、これが自分の教え子だったら……、きっと全身をぶん殴られたくらいの感動に襲われ、周囲がドン引きするくらいに号泣してしまったことでしょう。

仕事中に感動の涙を流すことなんて、一般企業ではほとんどありません。それこそ、スポーツ選手や芸能人など、ごく限られた職業だけでしょう。

感情を揺さぶられることが多いのは、教師という職業の最大の特徴だと私は思います。言い換えれば、時に感動的な場面に遭遇し、うれし涙を流せるのは、教師という職業の特権です。

これは、ある小学校の先生から聞いた話です。その先生が若かった頃、ちょっとしたミスをして校長先生に怒られていました。すると、すっと校長室のドアが開き、担任するクラスの子どもたちが入ってきました。そして、皆で口をそろえてこう言ったそうです。

「先生を辞めさせないでください。お願いします。僕たちが謝りますから。すみませんでした」

校長先生は、最初からそんなつもりはなかったので、「心配しなくていい」と言い、子どもたちを教室に返しました。先生はそのとき、「一流の教師になる」と誓ったそうです。

実に感動的な話です。こんなドラマも、教師という職業だからこそ味わえるものでしょう。

私がこれまで聞いてきた感動エピソードは、この他にもたくさんありま

す。不登校だった子どもが困難を乗り越えて生徒会長になった話、水が苦手な子どもが先生との秘密特訓を通じて泳げるようになった話、何をやってもダメといわれたクラスが運動会で一丸となって優勝を勝ち取った話……。どれも、思わず目頭が熱くなるような話ばかりです。教員になれば、皆さんにもきっとそんな感動の数々が待っていることでしょう。

一方、矛盾するようですが、必ずしも感動ドラマに帰結するとは限らないのが、教師という仕事でもあります。テレビの学園ドラマには、いつも劇的なラストが待っています。反抗的だった生徒が、〝ぶつかり合い〟を通じて心を開き、教師と熱い抱擁を交わす。そんな場面を見たという人も多いでしょう。

しかし、現実はそんなに単純ではありません。どんなに親身になって一生懸命指導しても、思いが伝わらず、心を開いてもらえないこともあります。関係性がこじれたまま、卒業してしまう子もいますし、時には子どもに対し、苛立ちや怒りを覚えることもあります。

そうした出来事も含め、教師という仕事には、感情を揺さぶられる機会がたくさんあります。良き教師として成長し、子どもたちに慕われるようになれば、感動的な場面は増えていくに違いありません。

## ◉公私の境目のない仕事

教師という職業を見ていて思うのは、仕事とプライベートの境目が曖昧だということです。多くの教員が、勤務時間外も子どものことや授業のことを考えながら過ごしています。また、地域で教え子が問題等を起こしたら、たとえ休日や深夜であっても、大半の教員は駆けつけます。まさにコンビニさながらの〝24時間営業〟——なかなか大変な仕事です。

もちろん、民間企業に勤務する人も、プライベート時間に仕事のことを考えることはあります。ビジネス書を読んだり、資格取得に向けて勉強したりすることもあるでしょう。しかし、教師に比べれば、公私の境目は明瞭です。

教師の中には、仕事を自宅に持ち帰る人も少なくありません。教師によるＵＳＢメモリーの紛失事故が、よくニュースとして流れていますが、これは自宅に仕事を持ち帰る先生が多いという事実を物語っています。国の調査結果でも、教師の〝持ち帰り業務〟が、１日当たり平日20～30分、土日１時間程度に上っている実態が明らかになっています。

「そんなの嫌だ。勤務時間外は、存分に自分の趣味に没頭したい」

そうした価値観の人には、あまり教師という職業は向いていないかもしれません。実際、土日も主体的に仕事のことを考え、それ自体が〝生きがい〟や〝やりがい〟になっているような人が、教師には多いのです。

もちろん、決して休暇がないわけではありません。夏休みや冬休み、春休みには、比較的長めの休みも取れますし、海外旅行へ行く人もいます。学期中の平日に「年次有給休暇」と呼ばれる休暇を1日単位、もしくは時間単位で取ることもできます。そうした状況は、民間企業の人と同じです。

教師の多くは、「ここまでが仕事で、ここからはプライベート」という意識が、民間企業に勤める人よりも希薄です。それは「教職調整額」により、残業手当が定額払いとなっていることとも無関係ではないでしょう。残業手当が時間単位で支払われる仕組みになれば、「ここまでが仕事」という意識も少しは強くなると思います。

公私が曖昧な状況を受け入れられるかどうかは、その人の性格や価値観によっても違ってくると思います。教育という仕事に情熱を持ち、子どもに愛情を注ぎ、それが「楽しい」と思えれば、プライベートの時間に仕事が割り込むことに、不満は感じません。事実、そうした先生はたくさんいます。

一方で、「仕事とプライベートは分けて考えたい」という人は、あまり教師に向いていないかもしれません。特に、小中学校の先生は、いやが上にもプライベートに仕事が割り込んできます。その点は、覚悟しておいた方がよいでしょう。

## ◉成果を数値で表せない仕事

成果が数値で表しにくいのも、教師という職業の特性といえます。どの学校にも「良い先生」といわれる人がいますが、評価が数値化されているわけではありません。あくまで周囲の評判によって、そういわれているにすぎないのです。

民間企業であれば、自身の業績が数値化されるケースもあります。営業担当者などは顕著で、個人の売上実績が数値となって表れ、それが給料に反映されることもあります。私が身をおく出版業界も、自分が手掛けた本の売上部数が伸びれば、業績評価は高まります。

他方、教師の勤務実績は、客観的に数値化することができません。良い授業をしてもスコアが出るわけでもないし、良い指導をしてもポイントがつくわけでもありません。

一部には、子どもの学力や進学実績を評価として見る人もいますが、それは教育の一側面を見ているにすぎません。学力が高くとも、社会で活躍できない人はいますし、その逆もたくさんいます。

最近は、教師の仕事を業績として評価し、給料に反映させようという試みも、多くの自治体で行われています。しかし、その評価が、先生の絶対的な評価とはなり得ません。校長先生の評価が低くても、子どもたちからは好かれている先生もたくさんいます。

成果が目に見えないのは、どこかすっきりしないものです。とはいえ、教師になれば、その〝モヤモヤ感〟とは、生涯付き合っていかねばなりません。

その一方で、数値となって表れはしないものの、〝手ごたえ〟として得られる部分はあります。それは、「子どもの成長」です。それを実感することが、仕事への達成感となり、モチベーションの向上につながると多くの先生方は言います。民間企業の人が、売上実績等で得ている達成感を、教師は子どもの成長を実感することで得ているのです。

ずっと解けなかった問題が解けるようになった、自分の意見を人前で言えるようになった、逆上がりができるようになった、他人を思いやることができるようになった……。教師として仕事をする中では、そんな子どもの成長を日々目の当たりにします。子どもから「先生、ありがとう」と感謝されることもあります。そんな機会が積み重なっていけば、教師としての手ごたえと自信を得ることができるでしょう。

ある日突然、立派な社会人になった卒業生が、学校を訪ねてくるなんてこともあります。教え子がスポーツ選手になってオリンピックに出たり、芸能人になってテレビに出たりなんてことだってあるかもしれません。そんなロマンを持てるのも、教師という仕事の醍醐味だといえます。

07

# 適性——どんな人が向いているのか

ここまで、教師という仕事の特性について述べてきました。続いて、どんな人が教師に向いているのか、これまで学校の先生から聞いた話をもとに、私の考えを述べていきたいと思います。

## ◉「子どもが好き」だけでは務まらない

教員になりたい理由として、「子どもが好きだから」という人は少なくありません。教員採用試験の志願書の「志望動機欄」を見ても、そうした記述がよく見られます。

もちろん、「子どもが好き」は教師として大切な資質です。少なくとも「子どもが嫌い」という人に、教師になってほしいとは思いません。そんな人は、子どものちょっとした悪ふざけにも目くじらを立て、不適切な指導をしてしまうことでしょう。

けれども、「子どもが好き」というだけでは務まらないのも、教師という仕事です。教師は子どもとだけ向き合っていればよいわけではないからです。

例えば、保護者と良好な関係性を築くことも、教師の大切な仕事です。電話で連絡を取ったり、個別に面談をしたりして、こまめにコミュニケーションを取る必要があります。この意思疎

通がうまくできない人は、いくら授業がうまくとも、良い教師にはなれません。

また、他の教職員との円滑な連携・協力も、教師に求められる資質の一つです。教師という仕事に、どこか「一匹狼」的な「職人」とのイメージを持つ人もいると思いますが、それは一昔前の姿です。現在は、周囲の教職員とコミュニケーションを取りながら、組織の一員として動くことが、校種を問わず求められています。「自分の授業、自分のクラスだけ、ちゃんとやればよい」という考え方は通用しません。


こうして見ても、教師は子どもだけでなく、大人とのコミュニケーションが重要であることが分かります。「大人は嫌い。でも子どもは好き」という人は、少し考え直してみた方がよいかもしれません。

ある動物園の園長が、「動物園の飼育員は、『動物が好き』だけでは務まらない仕事」と話していました。出版業界も「読書が好き」だけでは務まらない仕事です。どんな仕事も、同僚や取引先、顧客などとコミュニケーションする力、社交性が求められるのです。

ある元校長先生が、教師に求められる資質について、次のように語っていました。

「『子どもが好き』なことはもちろん大切です。できれば、プラスアルファ『教えるのが好き』

で『世話をするのが好き』であってほしいと思います」

確かに、「教えるのが好き」というのは、教師にとって重要な資質に違いありません。自分が知っていること、理解していることを誰かに「伝えたい」との思いがあるからこそ、良い授業、良い指導ができるのだと思います。

また、「世話をするのが好き」という資質は、子どもが困ったときやトラブルに直面したとき、積極的に支援しようとする姿勢につながることでしょう。

## ◉「役者」としての演技力が求められる

教師には「五者の精神」が必要である――昔からそう言われています。

「五者」とは、「学者」「易者」「芸者」「医者」、そして「役者」のことを指します。

「学者」は、高度な知識と技能を持つ専門家のことです。教師は人に学問を教える職業ですから当然のことです。

「易者」とは、言い換えれば「占い師」のことです。これは、やや意外かもしれませんが、相手の人生を分析し、然るべき方向に導くという意味に置き換えれば、理解できます。

「芸者」は、ここでは「一芸に秀でた人」のことを指しています。時には子どもを笑わせ、楽しい気持ちにさせる。そんな資質も教師には求められるのでしょう。

「医者」は、けがや病気の治療をするというより、相手の性格や能力を正しく〝診断〟し、必要な処置を講じるという意味です。「人を見る目」が、大切だということです。

そして、最後に「役者」です。これは、文字どおり「演じる仕事」を意味します。やや意外に感じる人もいると思いますが、私はこれが最も重要な資質ではないかと思っています。

教師が子どもたちを指導して行く際、大切なのは〝冷静さ〟です。子どもを叱るときも、感情をむき出しにしてはいけません。冷静さを保ち、相手をよく観察しながら、叱っている教師を〝演じる〟ことが大切なのです。

感情のコントロールは、どんな職業人にも求められますが、教師にとっては特に重要な資質です。これがうまくできない人は、見境なく叱り飛ばしたり、手を出してしまったりします。そうした指導が、教育的にプラスに作用することは絶対にありません。

時に、大げさに驚いてみたり、喜んでみせたりする〝演出〟も、教師には必要です。特に小学校の教師の場合は、演技力が重要な要素となってきます。

教員採用試験では、「場面指導」という試験を実施する自治体があります。これは、特定のトラブル場面を想定し、あたかも目の前に子どもがいるかのように受験者が対応し、その実演内容を試験官が評価するというものです。こうした試験が行われるのも、教師に〝役者〟としての演技力が求められているからでしょう。

## ◉「学力」だけでなく「人間性」も重視される

教師は、人に知識や技能を教え、授ける仕事です。そのため、高い学力と教養は不可欠です。数学の教員ならば、生徒たちの学力をはるかに凌駕するほどの、数学的専門性を備えていることが求められます。

一方で、教科の専門性が高いだけでは、教師は務まりません。教師には、学習指導だけでなく、生活指導や保護者対応などの仕事もあるからです。そのため、近年は〝人間性〟をより重視する動きも出ています。教員採用試験においても、専門性を見る「筆記試験」よりも、人間性を見る「面接試験」を重視する自治体が出てきているのです。

もちろん、教師の仕事の中心は授業ですから、教科に対する専門的知識は不可欠です。これが不足していたら、良い授業ができず、子どもたちの学力も身につきません。

同時に、いくら教科専門性が高くとも、人間的な魅力が欠けていたら、効果的な指導ができない場合もあります。授業を通じて理解を促すには、日頃から子どもたちと良好な信頼関係を築いておく必要があるからです。

特に、小学校においては教科指導力と同じくらいに、クラスを束ねる「学級経営力」が重要となってきます。いくら高い専門性を持っていても、クラスをまとめる力がなければ「学級崩壊」を引き起こしてしまいかねません。授業中に一人の子どもが突然騒ぎ始めたとき、子ども同士がけんかを始めたとき、きちんと対応できなければ、授業自体が成立しないのです。

また、インターネット等が普及した昨今では、子どもがより高度な情報を保有していることもあります。子どもが、「先生、○○って知ってる?」と、ネットで得た情報を聞いてくることもあるでしょう。

「ここで回答できなければ、教師がすたる!」と、「知ったかぶり」をしてしまえば、子どもはその先生の浅はかさを見抜き、見下してしまうかもしれません。むしろ、素直に「知らないなあ。教えてくれる?」といって、教えを請う方がよいことだってあるでしょう。

何が言いたいかといえば、インターネット社会において、「知識の保有量」は教師としての価値を決定づけないということです。その昔、教師は多くのことを「知っている」ことで、尊敬を集めていました。しかし、それは社会の情報源が、新聞や書籍などに限られていた時代の話です。

インターネットが普及し、少し調べれば多くの情報が得られる現代社会において、知識を持っている人よりも、それを上手に活用し、新しい価値を創造できる人の方が尊敬を集めます。民間企業においても、情報と情報を有機的に結び付け、新しい商品やサービスを生み出す〝知恵〟が求められているのです。

例えば、「歴史が好き」で、多くの知識を持っているだけでなく、歴史的な出来事などをもとに、歴史的な見方・考え方を面白おかしく伝えられる先生がいたら、子どもたちには魅力的に映るでしょう。数学にしても、単に問題の解き方を教えるだけでなく、それをもとに数学的な世界の面白さを伝えられる先生がいたら、子どもたちは一目も二目も置くと思います。

歴史や数学が得意で、学力に自信があるからという理由だけで、教師を目指そうとしている人がいたら、少し考え直した方がよいかもしれません。むしろ、教科領域への興味関心が強く、自身も学び続けたいと考えている人の方が、教師には向いているように思います。

PART 3

# 「職業＝教師」の仕事とライフコース

Question

教師の具体的な仕事内容について
教えてください。

# Answer

授業だけが仕事ではありません。
生徒指導や部活動指導、行事運営、保護者対応、会議など、
実にさまざまな仕事を日々こなしていくことが求められます。

08

# 教員の種類

## ――一口に「教員」といってもいろいろ

ここからは、教師という仕事の具体的内容について、イメージがつくように説明していきたいと思います。最初に教員の種類・身分などの基本情報を述べた後、教師の「一生」「1年」「1日」という単位で解説していきます。

ここまで、「教師」「教員」「先生」など、いろいろな言葉を使ってきましたが、法律用語として正式なものは「教員」です。また、一部では「教諭」「教育職員」という言葉も使われます。そして、「教員」は、制度上、実に細かく細分化されています。また、雇用形態もさまざまです。まずは、こうした制度上の位置付けを整理していきたいと思います。

## ◉種類――教師は大きく6種類に分けられる

「学校の先生になりたい」と考えた場合、大きく次の6種類のうち、いずれかの道を選択することになります。

①　小学校教諭　＝　全国に41万8790人（うち女性が62・2％）
②　中学校教諭　＝　全国に25万0060人（うち女性が43・1％）
③　高等学校教諭　＝　全国に23万3925人（うち女性が31・9％）
④　特別支援学校教諭　＝　全国に8万3802人（うち女性が61・2％）
⑤　養護教諭　＝　全国に3万7455人（うち女性が99・9％）
⑥　栄養教諭　＝　全国に6185人（うち女性が97・6％）

※「平成29年度学校基本調査（確定値）」より引用。高等学校教諭は全日制課程と定時制課程の合計値。

このほかに、幼稚園教諭や大学教員もありますが、仕事の内容、採用までのプロセスが少し異なるので、ここでは詳しく触れません。

①～⑥のうち、①小学校、②中学校、③高等学校は、教師を目指す人のほとんどが通ってきているはずなので、おおよそのイメージは浮かぶと思います。男女比を見ると、小学校は女性教諭が約6割を占め、中学校、高校と上がるにつれて、男性教諭の割合が高くなっています。

⑤はいわゆる「保健室の先生」です。意外かもしれませんが、この先生も「看護師」としてではなく、「教諭」として採用された人たちです。男女比では圧倒的に女性が多く、男性はごくわずかです。ただ、どの自治体も採用を女性に限定していないので、男性志望者の道が閉ざされているわけではありません。

④の特別支援学校は、以前は「特殊学校」と呼ばれていて、2007年からこの呼称に変更されました。端的に言えば、障害のある子どもたちが通う学校のことです。各都道府県には、必ず特別支援学校があり、多くの子どもたちが通っています。在籍する子どもの障害はさまざまで、知的に遅れのある子もいれば、耳が不自由な子、目が不自由な子もいます。全国に1135校（2017年4月現在）あり、生徒の数は14万1944人にも上ります。

⑥の栄養教諭は、「聞いたことがない」という人も多いと思います。2005年に創設された比較的新しい職種で、主として子どもたちの栄養状態の管理と食育の推進を担います。具体的な仕事としては、学校給食の献立づくり、子どもたちへの栄養指導などがあります。ただし、

全国に6185人しかいないことからも分かるように、1校に1人いるわけではありません。配置は、小学校を中心に進められています。

高校生の皆さんは、これら①〜⑥のうち、どの教員になりたいと考えていますでしょうか。どれを選ぶかによって、通うべき大学は変わってきます。また、②中学校と③高等学校の場合は、どの教科の教員になりたいかによっても、通うべき大学・学部は変わってきます。

高等学校についていえば、実にさまざまな教科の教員がいます。「国語」「数学」などの主要教科や「保健体育」「音楽」「美術」などの技能系教科は皆さんもご存じだと思いますが、「工業」「農業」「商業」「情報」「福祉」などの教員もいます。高校には、普通科、工業科、農業科、商業科など、さまざまな種類の学校がありますので、教科も多岐にわたっているのです。

高校生の中には、現時点でどの校種・教科の先生になるか、決めていない人もいると思います。その場合は、第一段階として、自身の性格、得意教科、適性等を加味しながら、どの校種・教科の先生になるかを考えてみてください。

## ◉雇用形態――学校には「正規教員」以外の人もいる

民間企業には、「正社員」のほかに「契約社員」がいたり、「派遣社員」がいたりします。また、時給制で働く「パートタイム職員」もいます。これらさまざまな従業員がそれぞれの役割を果たしながら、一つの組織体として活動しているのが企業なのです。

一方の学校はといえば、外側から見れば「正規教員」、民間企業でいうところの「正社員」しかいないように見えます。ところが、実際には「契約社員」も「パートタイム職員」も在籍しています。

学校でいうところの「契約社員」に当たるのは、「臨時的任用教員」といわれる人たちです。「そんな言葉、初めて聞いた」という人もいるでしょう。「臨時的任用教員」は、年度単位で期間を区切って任用・採用される教員のことで、最近は概ね1校に数人は配置されています。

「嘘だ。そんな先生がいるなんて話、聞いたことがない」

そういう人もいるでしょう。無理もありません。「臨時的任用教員」は、表向きは他の先生と何ら変わらずに授業を行い、行事運営等にも関わっているからです。小学校では、学級担任を持っている人も多いのですが、保護者や子どもたちに知らされていないケースも少なくありません。

「臨時的任用教員」は、多くの場合、契約期間満了となる年度末（3月末）で、その学校を離れることになります。運良く1年単位で再任用され、その学校に残ることもありますが、同じ学校に何年も継続して在籍することは基本的にありません。

「そんな雇用形態の先生、民間企業でいうところの『契約社員』に、正規教員と同じような仕事をさせてよいのか」

そういう人もいるでしょう。確かに、そのとおりともいえますが、現実問題として「臨時的任用教員」がいないと、学校は教員不足に陥り、成り立たない側面があるのです。

最近、学校には若い先生が増えています。若い先生の中には、着任後数年で、出産や子育てなどで、産休や育休を取る人もいます。その場合、休職扱いとなるので、その間の代役を探さなければなりません。病気で休んでいる先生の代役も同様です。

その役目を果たしているのが、「臨時的任用教員」です。いわば、産休・育休・病休の先生が復帰するまでの〝ピンチヒッター〟という位置づけです。

ちなみに、「臨時的任用教員」は、どのような人が務めているかといえば、その多くは教員

◆教員の雇用形態

| | 正規教員 | 臨時的任用教員（常勤講師） | 非常勤講師 |
|---|---|---|---|
| 雇用期限 | なし | 年度末 | 年度末 |
| 担任 | あり | あり | なし |
| 部活動顧問 | あり | あり | なし |
| 校務分掌 | あり | あり | なし |
| 給料 | 月額制 | 月額制 | 時給制 |
| ボーナス | あり | あり | なし |

採用試験に合格できなかった浪人組です。大学生が、教員採用試験に一発合格するのは、決して簡単ではありません。残念ながら不合格となった人の多くは、「臨時的任用教員」として働きながら、翌年度の教員採用試験を受けます。中には、なかなか合格できず、「臨時的任用教員」を5年、10年と務めている人もいます。

他の正規教員と同じように学級担任を持ち、普通に授業をして、きちんと成果を上げている人が、いつまでも正規教員にしてもらえないというのは、どこか理不尽な話にも思えます。多くの自治体が、教員採用試験でそうした人たちへの優遇措置を講じてはいますが、それでも何年も合格できずに「臨時的任用教員」を続けている人は少なくありません。

ちなみに、「臨時的任用教員」の給料は、正規教員とさほど変わりません。ボーナスも同じぐらい支給されます。ですから、これを続けていても生活はできます。ただし、身分保障がないため、年度末が来るたびに職を失う不安にかられることになります。

「臨時的任用教員」とは別に、民間企業でいうところの「パートタイム職員」に該当する「非常勤講師」もいます。こちらは、給料が「1授業当たり○円」と決められていて、基本的に授業以外の仕事はしません。学級担任を持つことも、行事運営に関わることもありません。

「非常勤講師」の場合、教員採用試験に合格できなかった人もいますが、かつて教員だった家庭の主婦などもいます。ボーナスはなく、給料も正規教員よりも圧倒的に低くなるので、それだけで生活していくのは厳しいものがあります。

## ◉充当職――学校にはたくさんの「主任」「主事」がいる

民間企業には、「主任」という職階があります。文字どおり「主」になって「任」を受け持つ人のことで、ある程度のキャリアを重ねた人が命じられる役職です。

学校にも「主任」がいます。ただ、学校の「主任」は職階とは異なります。「はじめに」のところで、教師の「出世ルート」として「教諭」「指導教諭」「主幹教諭」「教頭（副校長）」「校長」という職階があることを説明しましたが、そのルート上にあるものではありません。あくまで、学校の中での役割・役目として割り当てられるものです。

また、学校にいる「主任」は1人ではありません。「教務主任」「学年主任」など、さまざまな「主任」がいます。また、役割によっては「主事」とも呼ばれます。

学校にいる「主任」「主事」は、次のとおりです。

○教務主任　＝　学校の教育活動全般を束ね、指導・助言をする
○学年主任　＝　学年の教育活動全般を束ね、指導・助言をする
○学科主任　＝　学科（教科）の教育活動に関する事項を束ね、指導・助言をする
○保健主事　＝　学校の保健に関する事項を束ね、指導・助言をする
○生徒指導主事　＝　生徒指導に関することを束ね、指導・助言をする
○進路指導主事（中学・高校のみ）　＝　生徒の職業選択など進路指導に関する事項を束ね、指導・助言をする

これら「主任」「主事」は、「充当職」もしくは「充て職」と呼ばれます。任命するのは校長先生で、「この人なら大丈夫」と信頼されている人が選ばれます。

気になるのは、これら「充当職」の給料・手当です。ごく簡単に説明すると、これらのうち手当が出るのは「教務主任」や「生徒指導主事」「学年主任」など一部の主任のみで、1日当たり200円の手当が付きます。1カ月に換算すると、勤務日が20日程度なので、4000円程度。ただし、学校の規模などの条件を満たさなければ、支給されない場合もあります。

「主任」や「主事」になれば、当然、仕事は増え、忙しくなります。1日200円の手当が、これに見合うかといえば、微妙なところです。加えて、PART1でも述べたように、教員の残業手当は、上限が決まっています。ならば、「主任」や「主事」なんぞ、ならない方がよい……という見方もできるでしょう。

しかしながら、こうした役職に就き、責任ある仕事を任されることは、教師のキャリアアップという観点からみれば、望ましいことです。最近は、教師の〝若返り〟が進んでおり、まだ20代のうちから「主任」や「主事」を頼まれるかもしれません。そのときは、良きチャンスだと思って、前向きに取り組んでほしいと思います。

09

# 教師のライフコース——採用から退職まで

続いて、新任教師として採用された先生がどのようなキャリアを歩んでいくのか、退職に至るまでの大まかな流れを説明していきたいと思います。

## ◉初任時——最大のヤマは1年目にやって来る

22歳で採用されれば、退職するまで約38年間、教師として過ごすことになります。その中で、最も大変な1年はいつかと問われれば、間違いなく「1年目」です。最初はなだらかな道を歩く山登りと違い、いきなり切り立った崖を登らねばならないのが教師という職業なのです。

民間企業の場合、仕事を1人で任されるのは数年後という場合もありますが、教師の場合、着任した翌週から有無を言わさず1人で授業を持たされます。教室に助けてくれる人はいません。たった1人で、30〜40人の児童生徒を束ね、45〜50分の授業を成立させなければならないのです。

大学生の場合、教育実習で数回程度しか授業をした経験がないわけですから大変です。小学校の教師なら、1日に5〜6時間、国語や算数、社会、理科など、毎時間ごとに異なる授業をしなければなりません。そのための準備に、忙殺される毎日が続きます。

夜遅くまで学校に残って翌日の準備をし、帰宅して寝るのは深夜0時過ぎ。翌朝は5時半に起きて7時過ぎには出勤。その後は再び夜遅くまで、休憩時間も取れないまま働き続ける……。そんな毎日が続きます。週末はクタクタで、昼過ぎまで寝てしまうなんてこともあるでしょう。

加えて1年目は、授業や学級経営も思うようにはいきません。気がつけば、毎日怒鳴ってばかり。クラスの子どもたちから四面楚歌なんてこともあります。

「ベテランの先生が受け持つ隣のクラスは楽しそう。それに比べて自分のクラスは……」と落ち込むことだってあるでしょう。

特に最初の1学期は大変です。「つらい」「しんどい」はもちろん、「もう無理」「やめたい」

と思うことだってあるかもしれません。

しかし、これはどんな先生も通る道です。そして、永遠に続くわけではありません。2学期は1学期に比べれば楽になりますし、年数を重ねれば、授業準備のコツもつかめ、精神的にも肉体的にも余裕が出てきます。

最初からうまくできないのは、当たり前です。だから、多少のことは周囲も大目に見てくれます。もし、担任するクラスが学級崩壊状態に陥ったとしても、周囲がサポートしてくれるでしょう。保護者も「新任の先生だから仕方がない」と、多少は大目に見てくれるはずです。一部には、指導が多少稚拙でも、フレッシュさと一生懸命さを好意的に受け止めてくれる保護者だっています。

なお、小学校の場合、1年目は2～4年生を担任することが多いようです。1年生は、鉛筆の持ち方も知らない子に、授業や学習の根本を教える専門性が求められ、5～6年生は教科書の内容が高度になるからです。とはいえ、2～4年生の担任が、難易度的に低いかといえば、そうとも言えません。この時期は「ギャングエイジ」と呼ばれ、生意気さが出てくる時期だけに、指導に苦慮することもあります。

中学校や高校の場合は、1年目は担任を持たず、副担任として入ることも多いようです。けれども、1年目の負担が大きい点に変わりはありません。

社会人1年目が大変なのは、どの職業も同じですが、教員の場合は特にそれが顕著です。加えて、「初任者研修」があり、これに参加する負担もあります。きっと、大変な思いをすると思いますが、ここが最大のヤマだと思い、乗り越えてほしいと思います。

## ◉若手時代――徐々に仕事に慣れ、重要な仕事も任されるように

1年目を乗り切れば、2年目は「初任者研修」もなくなり、だいぶ楽になります。

小学校の場合、最初の数年はやはり2～4年生を担任することが多いようです。一般的に1年生は女性のベテラン、5～6年生は男性のベテランが受け持つ傾向があります。また、中学校や高校の場合も、3年生は進路指導があるので、ある程度のキャリアを重ねてからというケースが多いようです。

2年目、3年目――と年数を重ねるにつれて、どの先生も少しずつ授業力や学級経営力が高まっていきます。

「1年目は授業をするのに精いっぱいでしたが、2年、3年とキャリアを重ねるうちに、子ど

もたちのこともよく見えてくるようになりました」

「3年目くらいから、子どもを褒めて指導することの大切さが分かり、学級経営もうまくいくようになりました」

若手先生の多くは、そのように語ります。

1年目はどの単元の授業も初めてですが、2年目以降は一度やったことのある単元を授業することもあります。そうすれば、授業準備の時間も短縮されますし、教材等も再利用できます。指導方法の工夫改善を図り、前回より効果的な授業もできるでしょう。

キャリアを重ねていけば、次第に授業以外の仕事も、たくさん任されるようになっていきます。行事運営などにおいて、中心的な役割を果たすこともあります。

ここ数年、特に都市部では、ベテランの大量退職と若手の大量採用が進んでいます。東京都の小学校の中には、在籍する教員の半分以上が20代という学校もあります。そうなると、当然ですが、若いうちから重要な役割を任されることになります。「学年主任」や「教科主任」を任されることだってあるかもしれません。

そうして5～6年が過ぎ、学校にも多くの後輩ができ、頼りにされるようになった頃、1回目の異動があり、別の学校へと転任することになります。公立学校の場合、短くて3年、長くて7年程度で異動というのが一般的です。ごくまれに、10年以上も同じ学校にいる先生もいますが、これは極めて特殊なケースです。

なお、私立学校の場合は、当然のことながら異動がないので、同じ学校に勤務し続けることになります。ただ、別の私立学校に「転職」する先生は少なくありません。優秀な先生が別の学校の校長先生にほれ込まれて、引き抜かれることもあります。

## ◉中堅時代——次第に分岐するキャリア

キャリア10年目を迎えれば、立派な中堅教員として、学校でも中核的な役割を果たすようになります。若手の先生から頼りにされ、「教務主任」や「生徒指導主事」など、より重い役割を担う可能性もあるでしょう。

10年目くらいまで、教員のキャリアは、ほぼ〝横並び〟です。担当する役割、勤務評価など、細かな違いはありますが、歩んでいる道そのものに差はありません。しかし、30代の半ばを過ぎた頃から、少しずつ分岐していきます。

◆「ピラミッド型組織」と「鍋ぶた型組織」

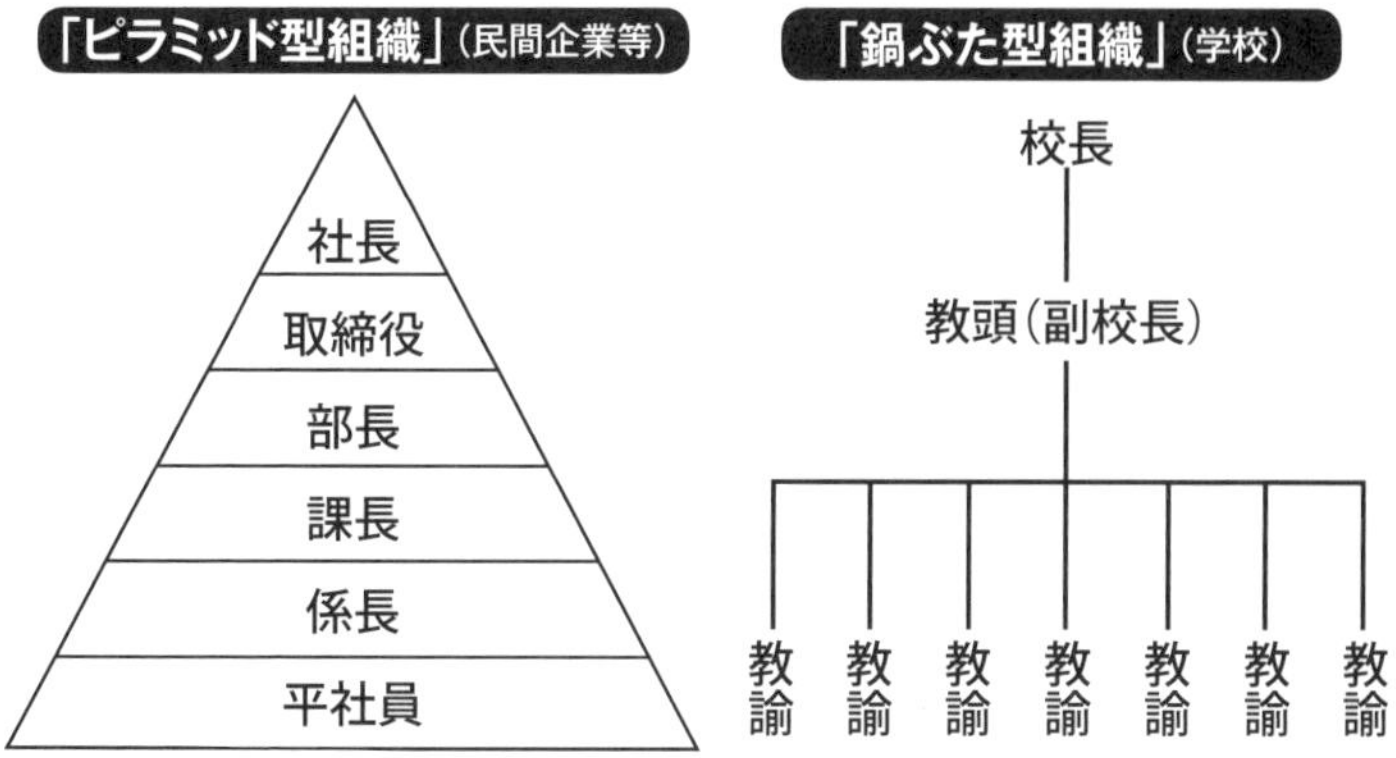


一般企業には、役職というものがあります。「平社員」から始まり、「係長」「課長」「部長」「取締役」へと至る出世ルートが、多くの企業では用意されています。若手社員の中には、「いずれ社長になってやる！」と鼻息を荒くしている人もいることでしょう。

学校の場合、以前は民間企業のような役職が、整えられていませんでした。「校長」と「教頭（副校長）」以外は、すべて一般の「教諭」。民間企業でいうところの「平社員」です。もちろん、「教務主任」や「学年主任」などはありますが、これは役職ではなく、職務上の役割（充当職）にすぎませんでした。こうした組織は、「鍋ぶた型組織」と呼ばれ、学校という職場の特殊性を表す言葉として使われていました。

しかし、学校にも民間企業と同様のマネジメント組織が必要であろうとの考えに基づき、２００８年度から「主幹教諭」「指導教諭」という役職が新たに設けられました。いわゆる「中間管理職」が、学校にも誕生したわけです。学校の「出世ルート」が、民間企業のそれに近くなったともいえます。

ただ、誤解しないでほしいのは、先生の多くはこの「出世ルート」をさほど意識していないことです。もちろん、例外はいるでしょうが、むしろ大半の先生は、日々の教育活動のことで頭がいっぱい。「同期のライバルより早く出世したい」などと考えている人は、ほぼ皆無です。そんな状況ではあるものの、30代の半ば頃から、一部の先生は校長先生などに推薦される形で、少しずつこの「出世ルート」に乗っていきます。

「主幹教諭」や「指導教諭」は、きちんとした役職なので、給料なども一般の「教諭」より少し優遇されています。自治体によっては、登用時に選考試験を行う場合もあります。登用された人は、各学校において、他の先生を指導したり、校長先生や教頭先生をサポートしたりするようになります。

30代半ばから後半にかけて、教育委員会の「指導主事」になる人もいます。「指導主事」は、各学校の教育実践を指導監督し、アドバイスする立場の人です。その多くは、「主幹教諭」や「指

◆教員のキャリアの一般的なパターン

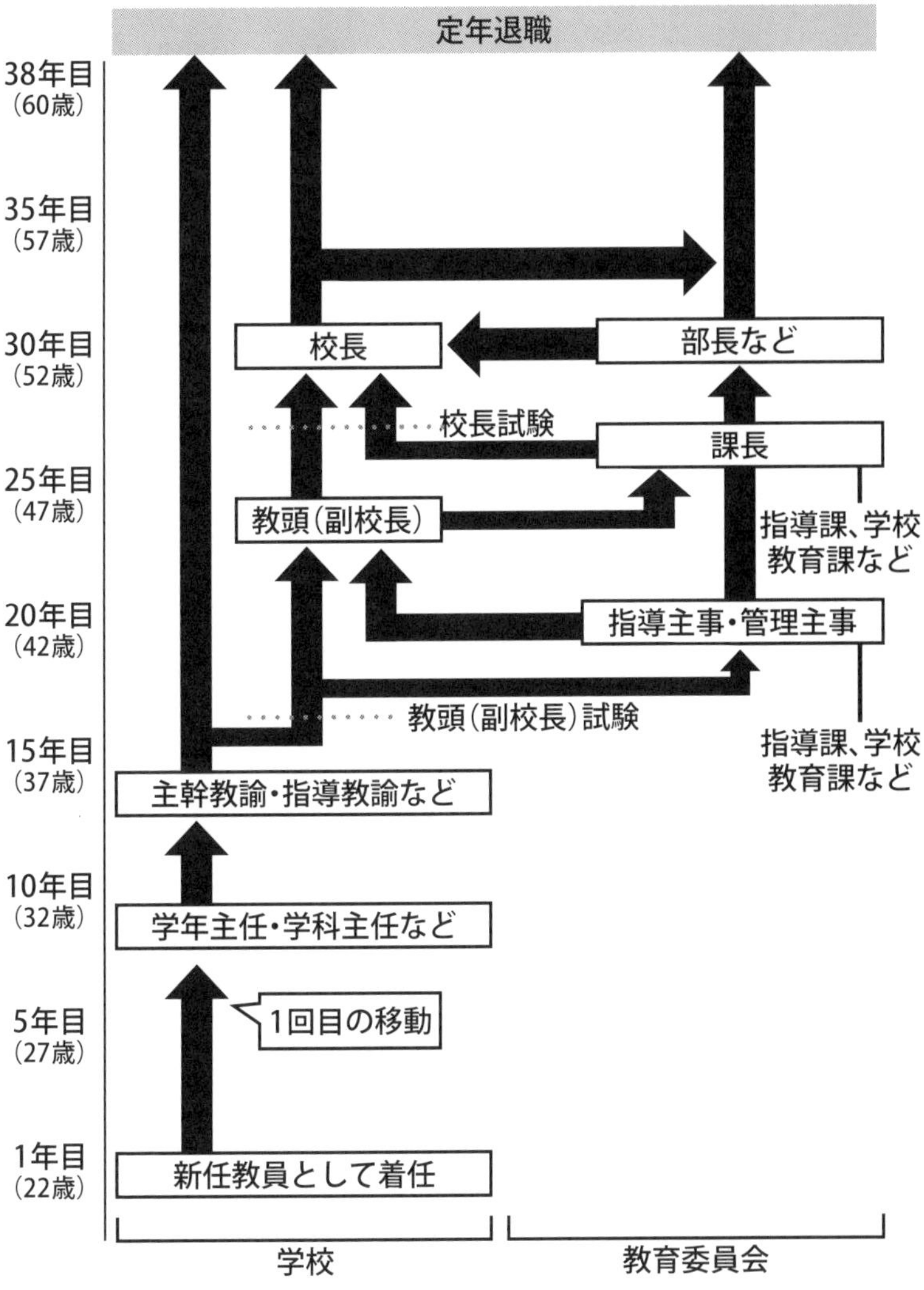

導教諭」と同じく、「出世ルート」に乗っている人たちです。

一方で「出世ルート」には興味がなく、授業力を極め、子どもと関わり続けたいと考える先生もいます。元々は「教壇に立ちたい」との動機で教師になったわけですから、そう考える人がいるのも当然です。こうして、教師のキャリアは、少しずつ分岐していきます。

## ◉管理職——中には「なりたくない」人も

民間企業では、「課長」「部長」などを「管理職」といい、会社の経営方針を踏まえつつ、組織をマネージメントする役割を担います。学校の場合は、一般的に「校長」「副校長」「教頭」の三つが「管理職」と呼ばれています。

ところで、皆さんの学校にいたのは、「副校長」でしょうか、それとも「教頭」でしょうか。あるいは、その「両方」という人もいると思います。「副校長」と「教頭」の違いは少し複雑なので、詳しく解説はしません。ここでは、「副校長」の方が「教頭」よりも少しだけ強い権限を持っていること、自治体によって設置状況が違うことを覚えておいてください。

「管理職」への道を歩む人の数は、全体から見れば、さほど多くありません。学校の先生が全国に100万人ほどいる中で、校長は約3万3000人程度。そう考えても、ごく一握りといえます。

全体の数%程度しかいないと考えれば、「エリート中のエリート」との見方もできますが、実際には全員が管理職を目指すわけではないので、そうともいえません。一部には、「管理職になりたい」という人が不足し、人材の確保に苦労している自治体もあります。

要因の一つとして、「副校長」や「教頭」があまりにも忙しく、精神的にもきついことが挙げられます。俗に、「セブンイレブン」といわれ、朝の7時から夜の11時まで、ほぼ休憩なしに走り回っているような状況があるのです。

校長になれば、少しは余裕ができるものの、一方で背負う責任は大きくなります。事件や事故などがあれば、その責任を厳しく追及されます。いじめ事件等で、校長先生が記者に責められている姿をテレビ等で見た人もいるでしょう。

一般的に、「副校長」や「教頭」は40代半ば〜後半、「校長」は50代前半〜半ばに着任する人が多いようですが、前述したような状況もあり、最近は若年化が進んでいます。30代後半の「副校長」「教頭」や、40代後半の「校長」も珍しくありません。

なお、女性の管理職は、2016年度時点で16・7%。この割合は年々高まっており、民間企業よりも圧倒的に高くなっています。この数字を見る限り、学校は男女間格差が少ない職場とみることができます。

校長先生になれば、組織のトップとして、学校全体をマネージメントすることになります。数十人もの先生、数百人もの子どもを束ね、学校全体の教育活動を充実させるために、全体計画を立て、その状況を確認し、必要に応じて指導します。

時に〝学校の顔〟として、あいさつの場に立ったり、お客さんを出迎えたりもします。「校長室」という専用の部屋も用意されます。

学校を会社に見立てたら、「校長」は「社長」であり、ここが出世ルートにおいては一つのゴール地点だという見方もできます。とはいえ、学校においては、実力があっても管理職を目指さず、教壇に立つことにこだわり続ける人も少なくありません。その意味で、学校に「出世レース」は存在しないという見方の方が正しいのかもしれません。

## ◉退職後――教育に関わり続ける人が多い

これから教師を目指そうという人に、退職後の話なんかをしても、今ひとつピンとこないかもしれません。ただ、教師になった限りは、必ず「60歳」での定年退職があります。いずれは通る道ということで、ごく簡単に述べておきたいと思います。

まず、学校の先生を30年以上勤めれば、相応の退職金が出ます。30年、40年後の状況は不透明な部分もありますが、恐らく民間企業と同等か、それ以上の額は支給されるでしょう。また、年金も確実に支給されるので、生活面でさほど困ることはないと思います。

けれども60歳といえば、まだまだ働き盛り。家でじっとしているだけでは、あまりにも退屈で、ストレスもたまります。そのため、多くの先生方が、第二の人生を歩んでいます。

多いのは、やはり学校教育に関わる仕事に就く人です。学校では、正規の教員の他に、常勤・非常勤の講師を雇用しているので、それになる人もいます。給料は現職時代とは比べ物にならないほど安くなりますが、子どもと関わり続けたい人にとっては最適な仕事です。最近は、再任用される人が増えていて、２０１６年度は小中学校だけで、全国で１万７０８８人にも上ります。また、校長先生がそのまま校長として再任用されるケースもあります。

また、教育委員会が設置する「教育センター」の相談員になる人もいます。不登校の児童生徒やその保護者などの相談に乗り、アドバイスをする仕事です。採用1年目の先生が受ける「初任者研修」の指導員、大学で教師を目指す学生の指導に携わる教職指導員などになる人もいます。

一方で、教育とはまったく関係のない領域で、特殊な技能で身を立てたり、独自の人脈を生かしてＮＰＯ法人を立ち上げたりする人もいます。ただ、こうした例は極めてまれです。「餅は餅屋」という言葉があるように、やはり教師としての技能を生かしたセカンドライフを送っている人が圧倒的に多いようです。

## ◉懲戒免職――ドロップアウトした人の行く末

最後に、不祥事等を起こしてドロップアウトする先生の話を、少しだけ述べます。

最近、先生の不祥事を新聞やテレビ、インターネットのニュースで見たという人は多いと思います。特に、セクハラ事件は、民間企業勤務の人よりも、圧倒的に多いような印象すらあります。実際のところ、どうなのでしょうか。

統計データを見ると、２０１６年度にわいせつ行為で処分を受けた先生の数は、全国で

197人。このうち、悪質性が高いとして免職、すなわち「クビ」になった人は129人となっています。この数字を「多い」とみるか、「少ない」とみるかは、人それぞれだと思います。

全国にいる教員は約100万人。わいせつ事件を起こした教員197人ですから、割合からすれば0・02％。4000人に1人もいない計算です。

あいにく、民間企業と比較するデータはありませんが、学校の先生が特別に多いというわけではないと思います。

しかしながら、教師のセクハラ事件を報じるニュースは、絶え間なく流れてくるような印象があります。どういう

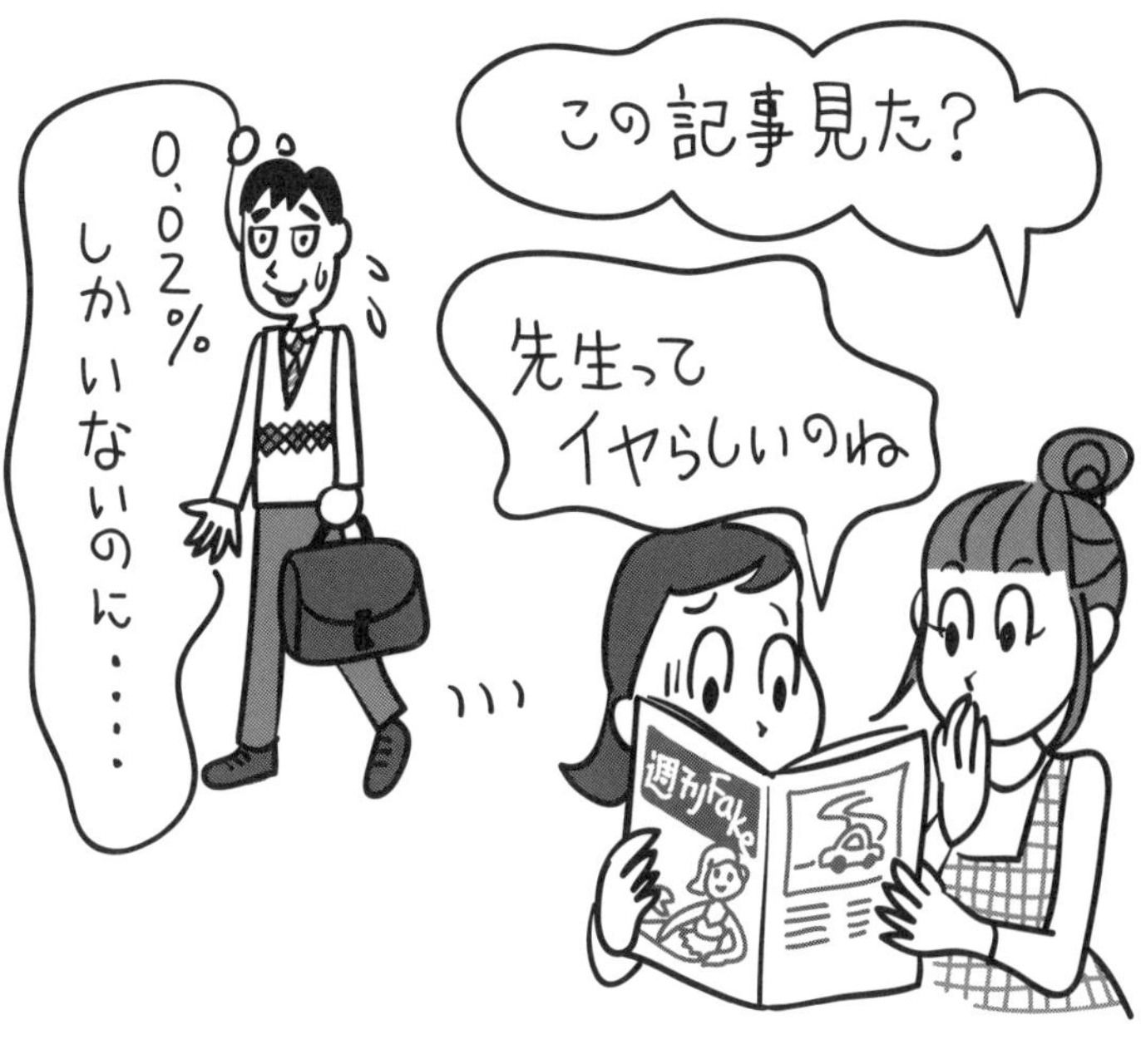

ことなのでしょうか。

それは、教員の不祥事がメディアの「売れ筋商品」だからです。言い換えれば、多くの人たちにとって興味深く、面白い。なぜなら、〝やってはならない人〟がやってしまった罪だからです。

同様に、警察官や公務員、弁護士、新聞記者なども、小さな罪を犯しただけで大きく報じられます。反対に、民間企業に勤務する人がセクハラや窃盗などを犯しても、ニュースとしての話題性に乏しいことから、さほど大きくは報道されません。

私は、教員のセクハラが、民間企業よりも多いという実態はないと思います。「多い」と感じるのは、ニュースとして頻繁に流れてくるからです。全国にいる100万人もの先生の大半は、日頃から真面目に子どもたちと向き合い、少しでも良い授業をしようと努力しています。ごく一部の先生が犯した罪で、それ以外の先生までもが、疑いの目で見られるのはとても残念なことです。

なお、「わいせつ行為」よりも多いのが、「交通違反・交通事故」で、こちらは266人が処分を受けています。ただし、ニュースとしての〝面白さ〟に欠けることもあり、大きく報道されることはありません。

## ◆教員の主な懲戒処分の例

| | |
|---|---|
| **交通違反** | 飲酒運転、酒気帯び運転、スピード違反、危険運転による事故など |
| **体罰** | 子どもを殴る・蹴る、長時間の起立・正座、用便に行かせないなど |
| **わいせつ行為** | 子どもへのわいせつ行為、更衣室やトイレの盗撮など |
| **公金横領** | 給食費・部活動費・学級費の着服など |

不祥事を起こした先生には、「免職」「停職」「減給」「戒告」の四つの処分が待っています。一番重いのは「免職」、いわゆる「クビ」です。この処分を受けると、教員免許状も取り上げられてしまうため、二度と教師として復帰することはできません。半ば人生を棒に振ることになります。

これから教師を目指そうと理想に燃えている人たちからすれば、不祥事を起こす先生なんて、よほど倫理観が低いか、人間的に腐っているかと思うことでしょう。しかしながら、そうして処分を受けた先生の中にも、崇高な理想を持ち、子どもたちに慕われていた人はいます。ちょっとしたボタンの掛け違いで、奈落の底に転落してしまうことも世の中にはあるのです。

決して他人事ではありません。教師には、高い倫理観が求められるということを心の片隅にでも置いておいてください。

# 10 教師の1年
## ――入学式から卒業式まで

続いて、先生の具体的な仕事内容について、見ていきましょう。まずは、1年のサイクルに沿って、どの時期にどんな仕事があるかを大まかに見ていきます。

### ◉学期――区切り方は、自治体によって違っている

ご存じのように、学校の1年は4月に始まり、3月に終わります。これは、全国どの学校も同じで、例外はありません。クラス替え、担任の交代、先生の転任なども、3月と4月の境目に行われます。

通常、学校の1年は「学期」で区切られています。4〜7月が「1学期」、9〜12月が「2学期」、1〜3月が「3学期」。そして、それぞれの間に「夏休み」「冬休み」「春休み」が入るというのが、最もオーソドックスな形です。

しかし、「学期」をどう区切るか、長期休業をどこにおくかは、決して全国一律で決まっているわけではありません。各自治体（市区町村）が自由に設定可能で、中には1年を二つに区切る「2学期制」を採用している自治体もあります。

また、夏休みや冬休みの設定も、自治体によって異なります。夏休みが、「42日間」という自治体もあれば、「35日間」という自治体もあります。また、「2学期制」を敷いている自治体の中には、10月頃に短めの「秋休み」を設定しているところもあります。

なぜ、こんなバラバラな状態になっているのでしょうか。

「学期と長期休業くらい、全国で統一しておいた方が、混乱がなくてよいのでは」と考える人もいるでしょう。

学期や長期休業の設定が自治体に任されているのは、地域事情を考慮してのことです。例えば、夏休みは、暑い時期に冷房のない学校で授業をするのは現実的ではないとの理由で、多くの地域が「8月末まで」に設定しています。しかしながら、北海道や東北地方は8月下旬になれば涼しくなってくることから、夏休みを「8月25日まで」とし、その代わりに冬休みを長めにしています。また、その昔は農業の収穫時期に、秋休みを設定する自治体もありました。

余談ですが、幾つかの自治体が、なぜ「2学期制」を採用しているのか、分かりますでしょうか。理由の一つは、先生の負担を減らすためです。学期が二つに減れば、定期テストの回数や通知表を付ける回数も減ります。PART1で述べたように、先生の労働時間短縮は、行政の大きな課題なわけで、「2学期制」もそうした措置の一環として導入されている側面があるのです。

## ◉1学期──学級の「土台づくり」を行う時期

学期の区切り方は地域によって異なりますが、ひとまずここでは、最もポピュラーな3学期制に沿って、1年の流れを説明していきます。

まず、1学期です。4月には学級編制、いわゆる「クラス替え」があります。以前、小学校での「クラス替え」は2年に1回というところが多かったようですが、最近は1年ごとにクラス替えを行う学校が多いようです。

先生の最初の大仕事は、「学級開き」です。始業式の日、教室での子どもたちとの最初の顔合わせ。ここで学級の約束事、担任としての方針などを伝えます。たかが、顔合わせと思う人もいるでしょうが、第一印象は非常に重要です。ここで、子どもたちに「この先生は面白そう」「信頼できそう」と思わせられるかどうかで、1年間の学級経営は大きく違ってきます。クラスを学級崩壊状態に陥らせないためにも、最善を尽くしたいところです。

1学期には、家庭訪問があります。ただ、やり方は以前と変わってきていて、最近では居間まで上がらず、玄関先で済ますケースも少なくありません。理由は、プライバシーへの配慮。中には家庭訪問自体を取りやめてしまった学校や地域もあります。

遠足を1学期に実施する学校も多いと思います。子どもたちにとっては、最初の楽しみなイベント。ここで友達ができる子もいます。どのように班を編成するかも、教師の腕の見せどころです。

1学期は、まだ学級の友達関係も固まっておらず、先生も手探り状態です。子どもたち一人一人の性格や能力を把握するまでに、それなりの時間を要することでしょう。そんな中で、通知表（通信簿）の作成、中でも「所見欄」を書くのはなかなか大変です。そのため、1学期末は1年で最も大変な時期の一つとなっています。

## ◉夏休み――「ほっと一息」も休暇ではない

1学期が終わると夏休みです。子どもたちにとっては心待ちにしていた長期休暇ですが、先生にとっても夏休みは心身ともに解放される時期。特に新任の先生にとっては、怒涛のような1学期が終わってほっと一息つける、至福の時でもあります。

夏休み中は、先生も完全休暇なのかというと、残念ながらそうではありません。その昔、まだ土曜日に授業があった頃は、その分の代休を夏休みにまとめて取るため、夏休みの大半は休暇日でした。しかしながら、週休2日制（学校週5日制）が導入されて以降は、お盆の時期を除き、ほとんどの先生が学校に出勤しています。

夏休み期間中、先生が何をしているかというと、2学期に向けた授業の準備、研修への参加などです。通常勤務ではありますが、学期中に比べれば、精神的にゆとりを持って過ごせます。ただし、中学校で部活動の顧問を務めている場合は、練習や試合の引率でかなりの時間を取られることもあります。

8月も下旬に入れば、いよいよ2学期に向けた準備に入ります。子どもたちの中には、「2学期が始まるのが憂鬱……」と思う子も多いですが、それは先生とて同じ。2学期は行事が多く、先生にとっても大きなヤマだからです。

## ◉2学期――「運動会」「文化祭」などの行事が続く大きなヤマ

2学期は、開始早々が大変です。子どもたちは長期休業で、半ば〝休みボケ〟状態。中には生活リズムの乱れから寝不足状態に陥り、授業に集中できない子もいます。中学生の中には、生活習慣の乱れから、問題行動・非行に走ってしまう子もいます。

先生自身もまだ十分にエンジンがかからない中で、こうした子どもたちを指導・統率していくのは大変です。

2学期の最大の行事は、やはり秋の運動会！……といいたいところですが、実は最近、運動会を1学期に開催する学校が少なくありません。特に中学校は、5月頃の開催が主流になってきています。秋には3年生の受験勉強が本格化することから、なるべく勉強時間を確保したいというのが大きな理由です。また、小学校でも「学級の結束力を高める」という狙いで、年度の早い段階で運動会を実施するようにしているところもあります。

運動会は、1年で最大の行事です。ただ、以前に比べると、準備に時間はかけられなくなっています。それこそ20年前、30年前は、入退場はもちろん、本番での徒競走、組体操なども入念に予行演習を繰り返し、本番を迎える頃には一切の感動が失われていた……なんてことも珍しくありませんでしたが、現在はそこまで練習を繰り返す学校はありません。

運動会において、近年変わったことといえば、けがをする可能性の高い危険種目が行われなくなったことが挙げられます。「騎馬戦」や「棒倒し」などはもちろん、風物詩ともいえる「組体操」も、段数や高さが制限されるようになりました。全国で事故が相次いでいる状況を考えれば、やむを得ないところでしょうか。

中学校や高校の文化祭も、2学期に行われるビッグイベントの一つです。この時期になると、クラスの絆も深まり、どの生徒も一丸となって創作活動に励みます。普段はおとなしい子がリーダーシップを発揮するなど、生徒の意外な一面を見られることもあります。

一方で小学校は、文化祭ではなく学芸会が行われます。ただ、行事の精選が進む昨今では、学芸会を行わなかったり、やや規模を小さくして「学習発表会」として開催したりする学校が少なくありません。そのほかに、音楽祭・合唱コンクールなどのイベントをこの時期に行う学校もあります。

## ◉3学期――卒業式・修了式に向けた1年の総仕上げ

3学期は、2カ月と少ししかありません。1学期や2学期に比べると非常に短く、あっという間に過ぎていきます。

この時期、先生にとって気になるのは、教科書の進み具合です。元教員のある方が、こんな話をしていました。

「定年退職を迎えて5年も経つのに、今でもこんな夢をよくみます。3学期も後半に差し掛かったのに、教科書が半分も進んでいない夢です」

このエピソードは、先生にとって、〝教科書の進度〟がいかに気になるものかを物語っています。加えて3学期は、インフルエンザなどの感染症が流行する時期。万が一、学級閉鎖や学年閉鎖にでもなろうものなら、窮地に追い込まれます。その意味でも、2学期終業時までに、どれだけ教科書を進められるかが、勝負となります。

3学期最大の行事といえば、やはり卒業式です。そのため、最上級生の担任は大変です。とにかく、やるべきことがたくさんあります。卒業式の準備はもちろん、卒業アルバムや文集の編集作業、卒業記念品の企画など、保護者とも連絡を取りながら、実に多くの仕事をこなさなければなりません。

卒業式や修了式は、1年のクライマックスです。特に卒業式は、時に感動的なドラマとなることもあります。「教師になってよかった」そんな実感が持てるのも、卒業式や修了式なのかもしれません。

なお、年度末には、異動も発表されます。PART1でも述べたように、通常は在籍5～6年で異動となり、在籍校とお別れのときを迎えます。とても寂しいものがありますが、職場環境が変わるのは、自身を成長させる大きなチャンスでもあります。

教科書が終わらない…
もう退職したのに…
ムニャ
ムニャ
退職後10年の70歳

## ◆小中学校の年間スケジュールの例

| 学期 | 月 | 小学校 | 中学校 |
| --- | --- | --- | --- |
| 1学期 | 4月 | 入学式<br>始業式<br>離任式 | 入学式<br>始業式<br>離任式 |
| 1学期 | 5月 | 遠足<br>家庭訪問 | 家庭訪問<br>体育祭<br>中間考査 |
| 1学期 | 6月 | プール開き | 修学旅行 |
| 1学期 | 7月 | 終業式 | 期末考査<br>終業式 |
| | 8月 | 夏休み | 夏休み |
| 2学期 | 9月 | 始業式 | 始業式<br>職場体験 |
| 2学期 | 10月 | 運動会 | 文化祭<br>中間考査 |
| 2学期 | 11月 | 修学旅行<br>学芸会 | 合唱コンクール<br>期末考査 |
| 2学期 | 12月 | 終業式 | 生徒会選挙<br>終業式 |
| | | 冬休み | 冬休み |
| 3学期 | 1月 | 始業式 | 始業式 |
| 3学期 | 2月 | マラソン大会 | スキー教室<br>学年末考査 |
| 3学期 | 3月 | 卒業式<br>修了式 | 卒業式<br>修了式 |

11

# 教師の1日
## ――朝礼から、授業、放課後の仕事まで

続いては、教師の1日です。一言に「教師の1日」といっても、校種や担当教科、勤務校によって、流れは変わってきます。ここでは、小中学校教師のオーソドックスな例を示しながら、解説していきます。

### ◉子どもがいる時間帯は休憩もろくに取れない

PART1（16ページ）でも述べましたが、教師の平均出勤時間は、小学校が7時31分、中学校が7時25分となっています。労働者全般の平均が9時ちょうどなので、他の職種に比べて

も、朝が早いことが分かります。

「自分は典型的な夜型人間。大丈夫だろうか……」

不規則な生活が続く大学生の中には、不安になる人もいるでしょう。ただ、その心配はさほどしなくても大丈夫。辛いのは最初だけで、じきに慣れてきます。

学校に到着すると、1日のスケジュールを確認し、授業の準備などにかかります。中学校の先生なら、部活動の朝練習に立ち会うこともあります。8時20分頃からは10分程度の朝礼があり、校長先生、教頭（副校長）先生から事務連絡等が伝達されます。

朝礼が終わると、担任を持つ先生は教室へ。「朝の会（ホームルーム）」を行います。子どもたち一人一人の出欠を取り、健康状態を把握。元気がない子には声をかけます。

1時間目の授業が始まるのは8時50分頃です。そこから4時間目が終わる12時20分頃まで、小学校の先生はほとんど休憩も取らずに動き回ります。休み時間中も、子どもと話をしたり、授業の準備をしたり。中学校の先生には空き時間があるものの、事務作業や授業準備などに忙殺されます。

4時間目が終わると、ようやく給食の時間です。「やった。ようやく昼休み。ゆっくりできる！」と思ったら大間違い。昼休みには「給食指導」があり、休憩時間ではありません。この点は、民間企業と大きく異なる点です。

余談ですが、労働基準法は6～8時間の労働に対し45分、8時間以上の労働に対し1時間、休憩を与えることを義務付けています。ですから、教師の昼食を勤務時間扱いとし、休憩を与えなければ、法律違反になってしまいます。そのため、学校の多くは昼休みの代わりに放課後に休憩時間を設定しています。とはいえ、実際に休憩ができているかといえば、そうとは言えない実情もあります。

給食指導中も、朝の会と同様、子どもの心身の状態を把握する良い機会です。普段より食が進まなかったり、口数が少なかったりする子どもがいれば、声をか

けるなどして状況の把握に努める必要があります。

給食後は、休み時間→掃除の時間というのが一般的な流れですが、掃除の時間については放課後に設定している学校もあります。こうした時間割編成は、学校が自由に決めることができますが、午前中に4時間の授業をした後に給食・昼休みという流れに関しては、全国のどの学校もほぼ共通しています。

なお、全国における給食の実施率は、小学校が99・2％、中学校が88・9％です。つまり、ここに含まれない学校は、お弁当持参となります。子どもたちはもちろん、教師もお弁当を作って持っていく必要があるのですが、これがなかなか大変です。一人暮らしの先生は、給食のある学校に勤務できることを祈りたいところです。

## ◉子どもが帰った後は、大量のデスクワークが待っている

午後は5・6時間目の授業があります。小学校の1～2年生の場合は、5時間目までという日も多いですが、3年生以上になると6時間授業の日が増えます。5～6年生では、週のほとんどが6時間授業です。

これだけびっしりと授業が埋まっているのは、「ゆとり教育」への批判を受け、国が授業時数を増やしたからです。加えて、小学校では２０２０年度から、中学校では２０２１年度から、新しい学習指導要領が実施され、授業時数はさらに増える予定です。当然、教師の負担も増えるわけで、その点をどうケアするかが行政サイドの課題といえます。

すべての授業が終了して子どもたちが帰宅するのは、小学校なら15時半過ぎ。中学校の場合は部活動があるので、18時過ぎになることもあります。さあ、これでようやく帰宅……とはいきません。放課後には大量のデスクワークが待っています。

具体的には、翌日の授業の準備、テストの採点、ドリルの丸つけ、週案（週の授業計画）の作成などがあり、学期末には通知表の作成もあります。

先生によっては、学級通信や学年便りをつくる人もいます。デスクワーク以外にも、会議や保護者との面談、行事の準備などが入ることもあります。子どもが問題を起こせば、その対応に追われることもあります。こうした状況があるため、仕事が片付かず、深夜まで学校に残っている先生も少なくありません。

先生によっては、仕事を自宅に持ち帰る人もいます。時折、教員によるＵＳＢメモリーの紛失事故が起きていますが、背景には自宅に仕事を持ち帰らねばならない、悲しき実態があるのです。

しかしながら、すべての先生が深夜残業や持ち帰り仕事をしているわけではありません。PART1でも述べたとおり、教師の労働時間はキャリアや技能、仕事との向き合い方によって、大きく違ってきます。放課後の仕事をいかに効率化できるかが、充実した教員生活を送る上でのポイントとなってくるのです。

◆ある教員の1日（小学校の例）

| | | |
|---|---|---|
| 6:00 | 起床 | 教師の朝は早い！ |
| 7:00 | 通勤 | 自動車通勤がNGの地域も |
| 7:30 | 出勤 | 1日の予定を確認＆授業の準備 |
| 8:30 | 朝礼 | 管理職の事務連絡等を聞く |
| 8:40 | 朝の会 | 出欠を取り、児童の健康状態を確認 |
| 8:50 | 1時間目（算数） | 教科書を使った普通の授業 |
| 9:40 | 2時間目（家庭科） | 栄養教諭とのティーム・ティーチング |
| 10:25 | 中休み | 教室に残り児童とコミュニケーション |
| 10:45 | 3時間目（社会） | 教科書を使った普通の授業 |
| 11:35 | 4時間目（道徳） | 自作の教材を使った授業 |
| 12:20 | 給食・昼休み | 児童とコミュニケーションしながら食事 |
| 13:15 | 掃除の時間 | 教室や廊下、トイレ等を見回り |
| 13:40 | 5時間目（体育） | 体育館でマット運動の指導 |
| 14:30 | 6時間目（特活） | 遠足の計画、席替えなど |
| 15:20 | 帰りの会 | 家庭への連絡プリント等を配布 |
| 16:00 | 会議 | 校務分掌「生徒指導部」の会議 |
| 17:00 | デスクワーク | 書類の処理、授業の教材作成 |
| 19:00 | 退勤 | 学校の滞在時間は11時間半！ |
| 19:30 | 帰宅 | 夕食、入浴、学級通信等の作成 |
| 24:00 | 就寝 | 体はクタクタで、床に入るや否や熟睡 |

### ◆ある教員の1日（中学校・理科の例）

| | | |
|---|---|---|
| 5:30 | **起床** | まだ辺りが暗いことも・・・ |
| 6:30 | **通勤** | ようやく目が覚めてくる頃!? |
| 7:10 | **出勤** | 1日の予定を確認 |
| 7:20 | **部活動の朝練指導** | 吹奏楽部の顧問 |
| 8:10 | **朝礼** | 管理職の事務連絡等を聞く |
| 8:35 | **朝のホームルーム** | 担任として連絡事項を伝達 |
| 8:40 | **1時間目（2年・第2分野）** | 教科書を使った普通の授業 |
| 9:40 | **2時間目（2年・第2分野）** | 教科書を使った普通の授業 |
| 10:40 | **3時間目（2年・第2分野）** | 教科書を使った普通の授業 |
| 11:40 | **4時間目（3年・第1分野）** | 理科室での実験 |
| 12:40 | **給食・昼休み** | 生徒と会話しながら教室で食事 |
| 13:40 | **5時間目（空き時間）** | 休憩ではなく、授業準備など |
| 14:40 | **6時間目（3年・第1分野）** | 教科書を使った普通の授業 |
| 15:30 | **掃除の時間** | 各所を見回りながら指導 |
| 15:45 | **帰りのホームルーム** | 事務連絡など |
| 16:00 | **会議** | 校務分掌「生徒指導部」の会議 |
| 16:45 | **部活動指導** | 活動時間の途中から指導に参加 |
| 17:30 | **デスクワーク** | 書類の処理、授業の教材作成 |
| 20:00 | **帰宅** | 夕食、入浴、テストの採点等 |
| 23:30 | **就寝** | 翌日に備えて早めに就寝 |

12

# 授業以外の具体的な仕事内容

教師の仕事のうち、「授業」と「学級経営」については、小、中、高校と学校生活を過ごしてきた人なら、ある程度はイメージができると思うので、本書では詳しく触れません。ただ、授業や学級経営の裏側には、入念な〝準備〟があることだけは、覚えておいてください。ここでは、それ以外の「表からは見えない部分」の仕事について、解説をしていきます。

## ◉会議――職員会議以外にもさまざまな会議がある

学校の会議といえば、真っ先に思い浮かぶのは「職員会議」でしょう。校長が主宰する学校全体の会議で、月に1～2回の割合で開催されます。時間は1～2時間程度。水曜日もしくは木曜日の放課後に設定している学校が多いようです。

ここで話し合われるのは、学校経営の全体計画に関すること、行事の運営に関すること、学校が抱える課題・トラブルに関することなど、さまざまです。時に、個々の児童生徒についてのデリケートな話題が上ることもあります。そのため、会議は原則として非公開。外部の人はもちろん、保護者やボランティアなどの参加も不可です。長年、学校を取材してきた私も、「職員会議」だけは見せてもらったことがありません。

学校には「校務分掌」と呼ばれる複数の小組織があり、その単位での会議も行われます。具体的には、授業計画や時間割の作成などを行う「教務部」、子どもの問題行動等の予防・対応を担う「生徒指導部」、進路に関する行事等を立案する「進路部」、健康診断や大掃除、避難訓練などの計画と実行を担う「保健部」などがあります。

これら校務分掌単位で会議を行い、その結果を全体会である「職員会議」で報告・共有するというのが、学校における組織運営の流れとなっています。

## ◉研修――キャリアを通じて多種多様な研修に参加する

教員という仕事の特性の一つとして、とにかく研修が多いことが挙げられます。民間企業においても、「新人研修」や「管理職研修」などがありますが、教員の研修の多さはその比ではありません。国、教育委員会、学校の各レベルで、実にさまざまな研修が行われています。内容も、教科指導に関することや生徒指導に関すること、ＩＣＴの活用に関すること、組織のマネージメントに関することなど、多岐にわたっています。

着任1年目にあるのが「初任者研修」。正規教員として採用された人は、原則として全員が受けなければならない法定研修です。ほぼ1年を通じて行われ、勤務する学校で週10時間程度、教育センターや他校で年間25日程度、教師としての基礎・基本を教えられます。1年目が格別に大変なのは、この「初任者研修」があるからという見方もできます。

「初任者研修」を受講するのは、教員採用試験に合格し、正規教員として採用された人たちです。試験に不合格となって、「臨時的任用教員」として勤務している人には課されません。「臨時的任用教員」も学級担任を受け持ち、授業をすることを考えれば、制度的には大きな矛盾があります。初任者の負担の大きさも含め、今一度、制度のあり方を見直す必要があると考えるのは、私だけではないでしょう。

あえて「初任者研修」の良さを挙げれば、他校に勤務する同期教員と仲良くなれる点があります。ここで初任者同士の悩みを語り合い、生涯の友ができることもあります。初任者研修で知り合った男女が交際に発展し、そのままゴールイン……なんてケースも珍しくありません。共通の課題意識を持つ者同士の〝出会いの場〟があること自体は、とても喜ばしいことでしょう。

その後も教員は、生涯を通じて、実にさまざまな研修に参加します。国で決められた法定研修もあれば、自治体が実施する研修もあります。参加が義務付けられているものもあれば、自由に参加できるものもあります。自由参加の研修については、授業に支障さえなければ、勤務時間中であっても職場を離れて受けることができます。この点は、他の公務員と異なる、教員の特権といえるでしょう。

これら国や自治体が主催する研修とは別に、各学校が自主的に行う「校内研修」もあります。内容はさまざまですが、その中で特筆しておきたいのが「研究授業（授業研究）」です。一人の先生の授業を他の教員が参観し、その後に皆でディスカッションして、授業の効果的な進め方を検討するというものです。OJT（職場で行われる職業訓練）の好例として、海外の教育関係者からも注目されている日本特有の研修手法といえます。

## ◉保護者とのコミュニケーション——直接的・間接的にさまざまな機会がある

PART1で「モンスターペアレント」について触れましたが、先述したとおり、この点は教員志望者が懸念材料として考える必要はありません。むしろ、良識と誠意を持って、良好な関係性を築いていくことを意識していただきたいと思います。

教師になれば、直接的あるいは間接的に、保護者とコミュニケーションを取る機会はたくさんあります。直接的には、授業参観、保護者会、三者面談、家庭訪問などがあります。

保護者会は、担任する学級の保護者を教室に集めて行いますが、この場でどんな話をするかは悩ましいところです。

具体例として、学級の様子の報告、保護者へのお願い、担任としての方針の伝達などが挙げられますが、4月に行われる最初の保護者会では、「良い先生そうでよかった」と信頼してもらえるような話をしたいところです。特に新任教師は、自分より年上のお母さん方に好印象を持ってもらえるかどうか、一つの勝負どころといえるでしょう。

保護者会の大きな悩みは、ＰＴＡ役員の選出です。学校や地域にもよりますが、立候補する人がなく、たいていは難航します。いずれにせよ、役員の具体的な仕事などを示しつつ、担任として最大限協力することなどを伝えながら、協力を求めていくことになります。

家庭訪問については、近年はプライバシーへの配慮から、玄関先で済ませる学校や実施しない学校が増えています。かつては、その日最後の家庭に行くと、寿司やビールでおもてなしされるなんてこともありましたが、現在は禁止されているケースが大半です。お茶菓子程度ならいただいても構いませんが、各家庭を回るうちにお腹がパンパン……という状況になる可能性もあるので要注意です。事前に「お菓子は出さないでください」と保護者に連絡しておく先生も少なくありません。

間接的なコミュニケーションの機会としては、学級通信（学級便り）や連絡帳、通知表（通信簿）などがあります。学級通信を出すか出さないかは個人の裁量に委ねられていて、まったく出さない先生もいれば、毎週出す先生もいます。
また、学校によっては、学年単位で出す・出さないを決めていたり、学年通信（学年便り）に一本化されていたりするケースもあります。

学級通信に載せるのは、学級での出来事、子どもの作文、家庭へのお願いなどです。保護者によっては、毎号きちんと目を通し、ファイリングしてくれる人もいます。その意味で、信頼を深める効果的なツールといえるでしょう。一方で、相応に手間がかかるので無理は禁物です。実際、「今年度は学級通信を50号発行します！」と宣言した先生が、最終的に年間3号しか出せず、恥をかいたという話もあります。

連絡帳は、先生と保護者が連絡を取り合うためのノートで、主として小学校で活用されています。活用の流れは、教師が保護者への連絡事項を黒板に書き、それを子どもが連絡帳に書き写します。家庭でそれを受け取った保護者は、連絡事項を確認した上で、相談ごとなどがあれば記入します。翌日、それを受け取った先生は、相談ごとへの回答を記入し、子どもに渡します。いわば、子どもの成長を目的とした「交換日記」のようなもので、誠意を込めて丁寧に書くことが、信頼を得る上で重要となってきます。

通知表は、学期ごとの評定を記したもので、学校や地域によっては「通信簿」「通知簿」「あゆみ」などと呼ばれます。以前、通知表の評定は、テストの順位等を基準とした相対評価が用いられていて、比較的簡単につけることができました。しかし現在は、「観点別評価」という複雑な評価手法が用いられていることから、評定を出すのにかなりの時間がかかります。加えて、「所見欄」も書く必要があるので、学期末は大忙しとなります。

余談ですが、小中学校の場合、通知表は管理職がチェックしてから保護者に渡すケースが珍しくありません。大規模校の場合、1000人近い通知表に目を通すことになるわけですから、校長先生も大変です。担任としては、少しでも早く渡してあげたいところです。

## ◉部活動――必ずしも得意領域を持たせてもらえるとは限らない

中学校や高校の場合、正規教員として採用されれば、必ず部活動の顧問を持たされます。どの部の担当になるかは学校次第。必ずしも、得意領域を担当できるとは限りません。実際に大学までずっとサッカーをやってきたのに、柔道部の顧問になった……なんて例もあります。

全国レベルの秀でた実績を有する人も、例外ではありません。実際、インターハイベスト4の実績を誇る軟式テニスの実力者が、赴任した中学校でバスケットボール部の顧問を命じられたなんて例もあります。

「何てもったいない……」という声が、方々から聞こえてきそうです。

とはいえ、これは「やむを得ない」ことです。すでに、他の教員が受け持っているのに、いくら実力者だからといって、新任教師がそれを押しのけるわけにもいきません。そもそも、部活動は教員のメイン業務ではありませんし、トップアスリートを養成するための場でもありません。学校の部活動は、あくまで「人間教育」を目的に実施されているものなのです。


部活動は、どの部の顧問になるかによって、教員の勤務時間や負担が大きく変わってきます。活発な強豪部を担当すれば、土日も練習や試合の引率に駆り出される可能性があります。その場合の手当は「4時間以上」で3600円。時給に換算すれば900円。学生のアルバイトと同程度です。加えて、拘束時間が5時間になろうとも6時間になろうとも、3600円以上は支給されません。

PART1で解説した「教職調整額」と同じロジックで、教員が雇用者である国や自治体に、ある意味都合よくこき使われているわけです。

また、部活動の顧問は、責任の所在もあいまいです。活動時間中に起きた事故により、生徒がけがをしたり、障害を負ったりすれば、損害賠償請求を起こされる可能性もあります。ただ、安心していただきたいのは、よほど悪意がない限り、教員個人が賠償金を支払うことはありません。この点は、国家賠償法という法律が「国又は公共団体が、これを賠償する責を任ずる」と規定しており、部活動はもちろん、その他の職務中も同様です。

とはいえ、そうした事故が起きて、裁判沙汰にでもなれば、教員には厳しい非難の目が向けられます。教員からすれば、自身が望んだわけでもなく顧問を持たされ、疲れた体に鞭打って休

日の指導に付き添い、そこで不運にも起きた偶発的事故を責められるなんてことがあれば、「教師なんて、ならなければよかった」と思うことでしょう。

長年、日本の部活動は、こうした矛盾を抱えながら続けられてきましたが、ようやく最近になって「おかしいのではないか」という声が高まってきました。２０１７年１月には、国が部活動の〝やり過ぎ〟を是正し、適切に休養日を設けるよう通達を出したところです。また、同年３月には制度改正がなされ、「部活動指導員」という外部指導者を置けるようにもなりました。もちろん、「部活動指導員」は、「置けるようになった」だけであり、これですべての先生が、顧問から解放されるわけではありません。今後も当面は多くの先生が、部活動という重荷を背負い続けることになります。ただ、世の中が部活動の矛盾に気付き、状況が改善される方向性に向かっていることは、覚えておいていただきたいと思います。

PART 4

# 「職業＝教師」になるために教員免許状を取る

Question

教員免許状は
どのようにしたら取得できますか?

## Answer

教員免許状の種類はさまざまですが、
いずれも大学や短大で
決められた単位を履修すれば取得できます。
また、それ以外にも幾つかの取得方法があります。

# 13 教員免許制度――基本的な仕組み

ＰＡＲＴ１～３で、教師という仕事の特性や具体的な仕事内容について述べてきました。ここまで読んできて、「教師になるのをやめよう」と思った方がいたら、ここから先は読まなくても構いません。ここから先は、教師になるまでの道のりを解説していきますので、「教師になろう！」と思った人だけ読み進めてください。

まずは、教員になる上で不可欠な教員免許状について、取得までの具体的な道のりを解説します。

教員免許状の取得方法について解説する前に、免許制度の基本的な枠組みについて説明しましょう。少しまどろっこしいかもしれませんが、この部分をしっかりと理解することで、自分が取るべき道が見えてきますので、我慢して読んでください。

## ◉教壇に立つには、二つのステップをクリアする必要がある

まず教員は、教員免許状を持っていなければなれません。一方で、教員免許状を持ってさえいれば、必ず教員になれるわけでもありません。第1ステップとして教員免許状を取得すること、第2ステップとして教員採用試験に合格することが必要となってきます。

この点は、タクシーの運転手と似ています。

第1ステップとして運転免許証の取得が必要で、これを持っていないとタクシー会社の採用試験も受けさせてもらえません。

第2ステップとして、タクシー会社の採用試験に合格することが必要で、これをクリアしてようやく、タクシー運転手として働けるようになります。

教員もこれと同じで、「教員免許状の取得」と「教員採用試験に合格」という二つのステップをクリアして、初めて正規教員になることができるのです。

では、教員免許状はどうやったら取れるのかというと、一般的には、大学で所定の単位を取ることで取得できます。ただ、どこの大学で学んでも取れるのかといえば、そうではありません。教員免許状が取れるのは、文部科学省から認定された一部の大学だけです。

加えて、教員免許状には、さまざまな種類があります。その種類ごとに、どの校種・教科の教員になれるかが限られています。

例えば、小学校の教員になるには、「小学校教諭」の教員免許状が必要です。また、中学校や高校の教員になるには、「中学校教諭」「高等学校教諭」の〝該当する教科〟の免許状が必要です。中学校の数学ならば、「中学校教諭」の「数学科」の、高校の英語ならば「高等学校教諭」の「英語科」の免許状を持っていないと、原則として教壇に立つことはできません。これを「相当免許状主義」といい、日本の学校制度の基本原理となっています。

**【中学校の教員免許状が授与される教科】**

国語、社会、数学、理科、音楽、美術、保健体育、保健、技術、家庭、職業、職業指導、職業実習、外国語、宗教

【高校の教員免許状が授与される教科】

国語、地理歴史、公民、数学、理科、音楽、美術、工芸、書道、保健体育、保健、看護、看護実習、家庭、家庭実習、情報、情報実習、農業、農業実習、工業、工業実習、商業、商業実習、水産、水産実習、福祉、福祉実習、商船、商船実習、職業指導、外国語、宗教

## ◉教員免許状には「専修」「一種」「二種」の3種類がある

前ページで紹介したように、教員免許状にはさまざまな種類があります。さらに、これらの免許状は、免許取得者の学歴によって、次の3種類に分かれています。

・二種免許状　＝　短期大学卒業
・一種免許状　＝　4年制大学卒業
・専修免許状　＝　大学院（修士課程）修了

ただし、高校の教員免許状だけは、二種免許状がありません。つまり、高校の教員になりたいのであれば、4年制大学に進学する必要があります。

気になるのは、「専修」「一種」「二種」の違いです。「専修」を取ると何か有利なことがあるのか、あるいは「二種」だと不利なことがあるのか、気になるところでしょう。

結論からいえば、専修免許を持っているからといって、特別に得することはありません。ただし、初任給は違います。例えば、神奈川県の採用案内（2017年度実施試験）を見ると、次のように記載されています。

・修士課程修了（専修免許）＝26万8000円
・大学卒（一種免許）＝24万2000円
・短大卒（二種免許）＝21万6000円

これを見たら「やっぱり！　専修免許を取った方が得じゃないか」という人もいるでしょう。しかし、専修免許の場合、大学院卒なので採用された時点の年齢が最短で24歳。学部卒なら3年目に該当します。この「院卒1年目」と「学部卒3年目」を比べると、給与差はほとんどないのが現実なのです。

専修免許を取ると「出世」や「採用」に有利になるとの噂もありますが、こと「出世」についていえば、そんなことはありません。教員の世界は、常に実力主義。免許状の種類に関係なく、優れた指導力を持った人が、階段を駆け上がっていきます。

「採用」についても、専修免許を持っているというだけで、有利になることはありません。ただ、専修免許取得者のうち「教職大学院」を出た人には、一部の自治体が優遇措置を設けています。一般的な大学院が「理論」や「研究」に重点を置いているのに対し、「教職大学院」は「実践」に重点を置いているため、学校での実習などが数多く組み込まれています。2年間通えば、教師として「即戦力」となる力が身につく可能性は高いでしょう。

一部の自治体が、教職大学院を出た人に優遇措置を設けているのは、そうしたバックボーンがあるからです。すなわち、専修免許という「資格」よりも、教職大学院修了という「学歴」に、アドバンテージがあると考えた方がよいでしょう。

二種免許についても、「採用」や「出世」において、不利になることはありません。二種免許で採用され、名教師への道を歩んでいる人もたくさんいます。ただし、二種免許の場合、採用された後に一種免許へ切り替える「努力規定」があります。そのため、教育委員会が実施する講習などを受けるように、指示される可能性があります。

## ◉大学生は「取得見込み」で採用試験を受けられる

先ほど、教員採用試験を受けるには、教員免許状が必要だと書きました。教員免許状が正式に取れるのは大学を卒業するときです。ならば、大学4年次は教員採用試験を受けられないのかといえば、そんなことはありません。大学4年生は、「年度末に取得見込み」という条件で、受験することができるシステムになっています。

なお、教員免許状の取得においては、試験がありません。この点は、免許センターで試験を受け、合格しなければならない運転免許証と違います。すなわち、大学で真面目に授業を受け、必要な単位をきちんと取れば、必ず取得することができます。

とはいえ、必要な単位を一つでも落としてしまえば〝アウト〟です。もし、大学4年次の教員採用試験で合格しても、免許状のない人間を教壇に立たせるわけにはいきませんから、合格は取り消されます。そうなったら一大事、翌年の教員採用試験に影響する可能性もあります。

実際に、そうした話は珍しくありません。ある大学生は、「日本国憲法」の単位を履修し忘れていて、卒業時に教員免許状が取得できませんでした。もちろん、教員採用試験も受けていたので〝真っ青〟です。結果として、不合格だったために事なきを得て、翌年、科目履修生となって「日本国憲法」を履修し、無事に教員免許状を取得して、教員採用試験にも合格しました。これは、たまたま運が良かったケースです。

教師を目指す人は、免許状の取得に必要な単位をしっかりと確認し、漏れがないようにすることが必要です。また、当然のことですが、きちんと授業に参加して、単位を落とさないことも求められます。

14

# 教員免許状——取得までの道のり

続いて、どのようにしたら教員免許状が取得できるかについて、免許状の種類別に解説していきます。

## ◉小学校教諭免許状——取得までの道のり

まずは、小学校です。小学校教諭の免許状は教科別に分かれておらず、一種類だけです。これを持っていれば、小学校では国語、算数などの主要教科から、図工、体育などの技能系教科まで、すべてを教えられます。専科のイメージが強い、音楽や家庭科もそうです。それだけに、免許状を取るまでが大変で、楽しい大学生活のかなりの部分を学業に捧げることになります。

小学校教諭の免許状が取れる大学は全国に２３６、短期大学は25（２０１６年４月現在）です。こう聞くと多いように感じますが、多くは首都圏や京阪神地域に集中していて、地方に住む人の選択肢は限られています。秋田県や長野県のように、国立大学が一つだけという都道府県もあります。

「げっ！　国立大学しかないって、苦手教科があったらダメじゃないか！」

そう焦る高校生もいることでしょう。確かにそのとおりですが、そもそも小学校の教員は、全教科を教える〝ゼネラリスト〟であることが求められる職業。その意味では、覚悟を決めて、苦手教科克服に努めてほしいと思います。

それでも、「国立は厳しい」という人は、首都圏や京阪神地域にある私立大学への進学を検討してみてください。実際、大学生

**◆小学校教諭の免許状が取得できる大学**

活を親元から離れて暮らし、卒業後に地元へ戻って教師になる人は少なくありません。地元大学出身でないからといって、教員採用試験が不利になることもないので、選択肢の一つとして考えてみてください。

※小学校教諭免許状が取得できる大学の一覧は、前ページのＱＲコードからスマートフォン等でご確認いただけます。

## ◉中学校・高等学校教諭免許状――取得までの道のり

小学校と違い、中学校と高校の教員免許状は、教科ごとに分かれています。ですから、教員志望の高校生は、どの教科の教員になるかを決めた上で、大学・学部に進学しなければなりません。

一方で、４年制大学に進むならば、教科さえ決めれば、中学校・高校のどちらの教員になるかの決定は後回しにできます。同じ（類似）教科であれば、中学校・高校の教員免許状は、大学４年間で並行して取得できるからです。具体的に、「中学校・国語」と「高等学校・国語」、「中学校・社会」と「高等学校・地理歴史」などは、セットで取得できる大学が大半です。

中学校と高校の両免許を取っておけば、採用試験受験時の間口は広がります。加えて、片方だけを取る負担と、両方を取る負担は、さほど変わりません。そのため、ほとんどの大学生は、両免許を並行して取得します。一方、短期大学の場合は、中学校の免許状しか取れません。高校の教員免許状には「二種免許状」がないからです。

中学校と高校の教員免許状が取れる大学の数は、教科によって大きく違ってきます。例えば、社会科は、全国で１０００以上の大学・学部で取れますが、英語はその半分以下です。技術や家庭、書道などの技能系教科は、さらに限られます。

中学校や高校の教員免許状は、教員志望ではない人が、「将来役立つかもしれないし、とりあえず取っておくか」といった軽い気持ちで取得するケースもあります。また、教員免許状を取りつつ、教員になるかどうかを決めあぐねている人も少なくありませ

**◆中学校・高等学校教諭の免許状が取得できる大学**

ん。この点は、小学校教員の志望者とやや状況が違っています。

また、小学校に比べて、在学途中の離脱者が多いのも、中学校や高校の特徴です。正確な数字は出ていませんが、私が関係者から聞いた印象では、恐らく半分くらいの学生は離脱（脱落？）するように思われます。

**※中学校教諭・高等学校教諭免許状が取得できる大学の一覧は、前ページのＱＲコードからスマートフォン等でご確認いただけます。**

## ◉特別支援学校教諭免許状――取得までの道のり

教員志望者の多くは、特別支援学校がどのようなところか、よく知らないと思います。かつては「盲学校」「聾学校」「養護学校」と呼ばれていたものが、法改正を経て、２００７年４月からすべて「特別支援学校」という名称に統一されました。ただし、障害のあるすべての児童生徒を一緒にしたわけではなく、「視覚障害特別支援学校」「聴覚障害特別支援学校」といった形に分かれている点は、以前と同じです。

特別支援学校にも、特別支援学校の教員免許状というものが存在します。加えて、特別支援学校の教員になるには、幼稚園、小学校、中学校、高校のいずれかの教員免許状を持っていなければなりません。この両免許を大学4年間で並行して取るのは、本当に大変です。

しかしながら、特別支援学校の教員免許状は、絶対に所持していないとダメというわけではありません。法律で〝例外〟が認められています。幼稚園、小学校、中学校、高校の教員免許状を持っていれば、相当する「幼稚部」「小学部」「中学部」「高等部」で、教えることができるのです。

「何だって!?　それじゃあ、教員免許状の意味がないじゃないか！」

そう指摘する人もいるでしょう。確かに、「相当免許状主義」に照らして考えれば、明白に矛盾があります。しかしながら、現実問題として例外を認めないと、特別支援学校の教員が不足して、教育活動が成り立たないのが日本の学校教育の実情なのです。

ならば、特別支援学校の免許を取らなくても、特別支援学校の

**◆特別支援学校教諭の免許状が取得できる大学**

教員になれるのかといえば、そうとも言えないのがややこしいところです。近年になって、特別支援学校の免許状の所持を「受験資格」とする自治体が増えてきたからです。

特別支援学校の教員を目指す人は、第一段階として自身が受験しようと思う自治体の募集要項を調べてみてください。その上で、該当免許状の所持が受験資格とされているようならば、免許状を取得できる大学に進学する必要があります。

特別支援学校の教員免許状が取れる大学・短大は全国で148（2016年4月現在）と、決して多いとはいえません。また、免許状が「視覚障害」「聴覚障害」「知的障害」「肢体不自由」「病弱」の5領域に分かれて、大学によってはこのうち一種類しか取れないところもあります。特別支援学校の教員になりたいと考えている高校生は、どの大学でどの領域の教員免許状が取れるのか、よく調べてみてください。

**※特別支援学校教諭免許状が取得できる大学の一覧は、前ページのQRコードからスマートフォン等でご確認いただけます。**

## ◉養護教諭・栄養教諭免許状
## ——取得までの道のり

教員免許状は基本的に「校種」によって分かれています。ただし、例外が養護教諭と栄養教諭です。これら二つの教員免許状については、所持していれば幼稚園、小学校、中学校、高校、特別支援学校の、どの校種でも働くことができます。

一方で、どの自治体も校種別の採用は行っていません。そのため、「自分は小学生が好き。だから、小学校の養護（栄養）教諭になりたい」といっていた人が、中学校や高校に配属されることもあります。ある程度の希望は聞いてもらえる可能性はあるものの、その点は納得して目指す必要があるでしょう。

養護教諭の教員免許状が取れる大学・短大は全国で１４５、栄養教諭の教員免許状が取れる大学・短大は１９４（いずれも２０１６年４月現在）です。大学名を眺めると、小学校や中学校、高

**◆養護教諭·栄養教諭の免許状が取得できる大学**

校の教員免許状が取れる大学とは、かなり顔ぶれが違っていて、公立（県立など）や私立も少なくありません。特に、栄養教諭は大半が私立・公立で、国立はお茶の水女子大学と奈良女子大学の2大学のみとなっています。

養護教諭や栄養教諭の場合、教員免許状を取得する過程で、他の資格を取る人もいます。例えば、養護教諭なら「保健師」や「看護師」などです。また、栄養教諭の免許状を取れば、必ず「管理栄養士」や「栄養士」の資格がついてきます。そのため、教員免許状を取りつつ、学校以外の職場に就職する人も少なくありません。

こうした状況もあって、小中高校の教員に比べて養護教諭や栄養教諭になる人のキャリアには、ばらつきがあります。いったん保健師や看護師、栄養士などとして民間で働いた後、教員採用試験を受ける人も少なくありません。大学4年生から見れば、そうした経験者を相手にするわけですから大変です。加えて、競争倍率も総じて高く、厳しい戦いが強いられることを覚悟しておいた方がよいでしょう。

※養護教諭・栄養教諭免許状が取得できる大学の一覧は、前ページのＱＲコードからスマートフォン等でご確認いただけます。

## ◉知っておきたい大学選びの知識

ここまで、校種別に教員免許状を取るための道のりを説明してきました。高校生にとって気になるのは、「どの大学を選べばよいか」でしょう。

地方在住で、地元で教員になりたいという人は、やはり地元にある国立の教員養成系大学へ進学するのが〝王道〟だと思います。ただし、国立大学の入試にはセンター試験があり、苦手教科がある人の中には、厳しい戦いを強いられる人もいるでしょう。その場合、私立大学という選択肢が浮上してきますが、校種によっては地元に教員免許状を取得できる私大がないというケースもあります。

一方、首都圏や京阪神地域には、教員免許状を取得できる大学が多数あります。問題は、そうした大学からどこを選べばよいのかです。例えば東京都には、小学校教諭の免許状を取れる大学だけでも、一種・二種合わせて40もあります（2016年4月現在）。

指標の一つとなるのは、やはり「就職に強い」ことでしょう。154ページに示したのは、2016年度における校種別の就職者数ランキングです。就職者とは、正規教員として採用された人だけでなく、臨時的任用教員として任用された人も含まれています。

２０１６年度の卒業生について見ると、小学校では国立の教員養成系大学が上位を占めていますが、中学校、高校と上がるにつれて、私立大学が上位に名を連ねていることが分かります（１５４ページ参照）。ただし、「就職者数」は、学生の母数が大きければ増えるわけですから、この順位が単純に「教員になりやすい大学」のランキングだということはできません。

ならば「教員就職者÷教員志望者＝就職率」を見ればよいわけですが、私立大学の場合は民間企業に就職する人も多く、分母となる「教員志望者」の範囲をどうとるかが難しいこともあり、公式なデータというものは出ていません。

小学校については、大学通信が発行する「大学探しランキングブック」に、教員実就職率のランキングが掲載されています（１５５ページ参照）。２０１６年の卒業生について見ると、1～3位は国立大学が占めているものの、比較的小規模の私立大学も健闘していることが分かります。

教員採用試験には筆記試験があるため、センター試験を受けてきた国立大学の学生にアドバンテージがあるはずです。しかし、埼玉県の文教大学や共栄大学のように、地元の国立大学に負けない実績を残している大学も少なくありません。なぜなのでしょうか。

背景には、大学の手厚いサポート体制があります。私立大学の中には、大学1年次から、教

### ◆教員 就職者数ランキング（小学校・2016年度）

| 順位 | 大学名 | 所在地 | 就職者数 |
|---|---|---|---|
| 1 | 愛知教育大学（国立） | 愛知県 | 289人 |
| 2 | 北海道教育大学（国立） | 北海道 | 263人 |
| 3 | 大阪教育大学（国立） | 大阪府 | 260人 |
| 4 | 文教大学（私立） | 埼玉県 | 257人 |
| 5 | 岐阜聖徳学園大学（私立） | 岐阜県 | 229人 |

### ◆教員 就職者数ランキング（中学校・2016年度）

| 順位 | 大学名 | 所在地 | 就職者数 |
|---|---|---|---|
| 1 | 北海道教育大学（国立） | 北海道 | 140人 |
| 2 | 文教大学（私立） | 埼玉県 | 138人 |
| 3 | 愛知教育大学（国立） | 愛知県 | 120人 |
| 4 | 日本大学（私立） | 東京都 | 108人 |
| 5 | 大阪教育大学（国立） | 大阪府 | 83人 |

### ◆教員 就職者数ランキング（高等学校・2016年度）

| 順位 | 大学名 | 所在地 | 就職者数 |
|---|---|---|---|
| 1 | 日本大学（私立） | 東京都 | 157人 |
| 2 | 早稲田大学（私立） | 東京都 | 119人 |
| 3 | 日本体育大学（私立） | 東京都 | 116人 |
| 4 | 大阪教育大学（国立） | 大阪府 | 112人 |
| 5 | 広島大学（国立） | 広島県 | 109人 |

### ◆教員 実就職率ランキング(小学校・2016年度)

| 順位 | 大学名 | 所在地 | 就職率 |
|---|---|---|---|
| 1 | 上越教育大学(国立) | 新潟県 | 62.5% |
| 2 | 兵庫教育大学(国立) | 兵庫県 | 60.9% |
| 3 | 鳴門教育大学(国立) | 徳島県 | 60.2% |
| 4 | 常磐会学園大学(私立) | 大阪府 | 39.6% |
| 5 | 岐阜聖徳学園大学(私立) | 岐阜県 | 38.2% |
| 6 | 大阪総合保育大学(私立) | 大阪府 | 35.5% |
| 7 | 愛知教育大学(国立) | 愛知県 | 33.6% |
| 8 | 宮城教育大学(国立) | 宮城県 | 31.9% |
| 9 | 福岡教育大学(国立) | 福岡県 | 29.9% |
| 10 | 大阪教育大学(国立) | 大阪府 | 26.1% |
| 11 | 北海道教育大学(国立) | 北海道 | 23.4% |
| 12 | 東北文教大学(私立) | 山形県 | 22.9% |
| 13 | 東北女子大学(私立) | 青森県 | 21.5% |
| 14 | 常葉大学(私立) | 静岡県 | 20.5% |
| 15 | 共栄大学(私立) | 埼玉県 | 20.0% |
| 16 | 東京学芸大学(国立) | 東京都 | 19.7% |
| 17 | 都留文科大学(公立) | 山梨県 | 18.3% |
| 18 | 四天王寺大学(私立) | 大阪府 | 17.9% |
| 19 | 畿央大学(私立) | 奈良県 | 15.9% |
| 20 | 鎌倉女子大学(私立) | 神奈川県 | 15.8% |

員採用試験の対策講座を開設しているところもあります。そして、その多くは無料で受講できます。3年の冬頃から対策をスタートする学生が多い中、早い段階から準備をスタートすることで、国立大学の学生に対抗しているのです。

また、教員採用試験には、筆記試験だけでなく、論作文試験や面接試験、模擬授業などがあります。これらの試験対策は、自学では難しく、教員経験者の指導が必要となります。その点、私立大学は元試験官の校長先生などを指導員としてそろえ、丁寧な指導を行っているのです。

すなわち、教員養成に力を入れている私立大学は、一人でも多くの合格者を出そうと、〝手取り足取り〟のサポート体制を敷いているのです。この点は、私立大学から教員を目指す人にとって、大きなメリットといえるでしょう。

## ◉大学で具体的に学ぶこと

ここまで、教師になるためにどの大学・学部を選べばよいかについて、説明してきました。続いては、大学へ進学した後、具体的にどんなことを学ぶのかについて、簡単に説明していきます。

現時点（２０１７年12月）において、教員免許状を取るまでに必要な単位数は、１５９ページの表のとおりです。これだけを見ても、何のことだかさっぱり分からない……という人も多いと思うので、具体的な流れをざっくりと説明していきます。ただし、２０１９年４月以降の大学入学者については、必要単位の内容が大幅に変わる予定なので、その点はご了承ください。

前提として、大学には実にさまざまな科目が開設されていて、学生はそこから自由に選んで時間割（カリキュラム）をつくります。この点は、あらかじめ時間割が決まっている高校との大きな違いです。そして、このカリキュラムを組む際、教員免許状を取る人は、１５９ページの表に示された単位を修得することが必要なのです。

「単位」について大ざっぱに説明すると、毎週１コマ（90分）の授業を半年間受ければ「２単位」、１年間受ければ「４単位」を取ることができます。

例えば「小学校教諭一種免許状」ならば４年間で67単位が必要なので、１年平均で必要な単位数は16～17単位。週当たりで見ると、４～５コマずつ授業を受ければよい計算になります。

「なあんだ。週に４～５コマなんて、１日１コマ程度じゃないか。楽勝！　楽勝！」

こう思う人がいるかもしれませんが、そうは問屋が卸しません。「４年間で67単位」は、教員免許状の取得に必要な単位であって、大学を卒業するには、他に履修しなければならない科目がたくさんあります。つまり、「大学卒業に必要な単位数」と「教員免許取得に必要な単位数」の両方を満たす必要があり、4年間で学ぶ授業時数は、これよりもずっと多くなるのです。

「教科に関する科目」は、文字どおり、教科指導力を高めるための科目です。小学校に比べて、中高で多く設定されているのは、中高の教員免許状が教科別になっていて、より高度な教科指導が求められるからです。

一方の「教職に関する科目」は、教科に関係なく、学校教育全般に関わる内容を学ぶ科目です。こちらは、中高より小学校の方が多く設定されています。

「教科又は教職に関する科目」は、「教科に関する科目」と「教職に関する科目」の最低単位数を超えて履修した分です。例えば小学校教諭の一種免許状取得者が「教科に関する科目」を12単位、「教職に関する科目」を47単位履修すれば、それぞれ最低単位数よりも4単位・6単位多いことになるので、合計10単位が「教科又は教職に関する単位」にカウントされ、条件をクリアします。

また、表内の「その他」は何でもよいわけではなく、「日本国憲法」や「体育」、「外国語コミュ

### ◆教員免許状取得に必要な単位数（小学校・中学校・高等学校）

| 免許状の種類 | | 基礎資格 | 教科に関する科目 | 教職に関する科目 | 教科又は教職に関する科目 | その他 | 計 |
|---|---|---|---|---|---|---|---|
| 小学校教諭 | 専修 | 修士の学位 | 8 | 41 | 34 | 8 | 91 |
| | 一種 | 学士の学位 | 8 | 41 | 10 | 8 | 67 |
| | 二種 | 短期大学士の学位 | 4 | 31 | 2 | 8 | 45 |
| 中学校教諭 | 専修 | 修士の学位 | 20 | 31 | 32 | 8 | 91 |
| | 一種 | 学士の学位 | 20 | 31 | 8 | 8 | 67 |
| | 二種 | 短期大学士の学位 | 10 | 21 | 4 | 8 | 43 |
| 高等学校教諭 | 専修 | 修士の学位 | 20 | 23 | 40 | 8 | 91 |
| | 一種 | 学士の学位 | 20 | 23 | 16 | 8 | 67 |

### ◆教員免許状取得に必要な単位数（特別支援学校）

| 免許状の種類 | | 基礎資格 | 特別支援教育に関する科目 | 計 |
|---|---|---|---|---|
| 特別支援学校教諭 | 専修 | 修士の学位及び小学校・中学校・高等学校・幼稚園の教諭の免許状 | 50 | 50 |
| | 1種 | 学士の学位及び小学校・中学校・高等学校・幼稚園の教諭の免許状 | 26 | 26 |
| | 2種 | 小学校・中学校・高等学校・幼稚園の教諭の免許状 | 16 | 16 |

ニケーション」など、法令で定められたものから履修しなければなりません。ここを見落としてしまう学生が多いので、注意が必要です。

ところで、特別支援学校の教員免許状を取得する人は、幼稚園、小学校、中学校、高校のいずれかの教員免許状を取得した上で、「専修」は50単位、「一種」は26単位、「二種」は16単位を上乗せして取得しなければなりません。そう考えても、特別支援学校の教員免許状のハードルの高さが分かると思います。

なお、具体的な履修方法については、どの大学も「履修の手引」や「教職課程の手引」などを発行しており、そこに詳しく書かれています。また、大学には教員志望者向けのセンターなどを設置しているところもあり、そこに行けば丁寧にレクチャーしてくれます。この説明を読んだだけでは完全に分からないという人も、さほど心配しなくて大丈夫です。また、２０１９年４月以降に大学へ入学する人は、新しいシステムに基づく履修方法について、大学からレクチャーを受けてください。

## ◉避けて通れぬ教育実習と介護等体験

教員免許状を取得する上での履修内容は、大学での講義ばかりではありません。学校現場での〝実地訓練〟が大きく二つあります。一つは、よく知られている教育実習、もう一つはあまり知られていない介護等体験です。

教育実習は、先述した「教職に関する科目」に含まれていて、教員免許状を取得する人は、必ず参加しなければなりません。実習期間は校種によって違っていて、小学校は4週間、中学校は3週間、高校は2週間が基本となっています。ただし、中学校と高校の教員免許を同時に取得する人は、どちらか一方で3週間参加すれば大丈夫です。

教育実習は、教員を目指す人にとって〝洗礼〟の場です。一つの授業をするのに、どれだけの準備と労力が必要なのか、多くの大学生は嫌というほど痛感します。クタクタになって帰宅した後は、深夜までレポートや日誌づくりに追われる日々。時に、子どもや指導教員から辛辣な言葉を投げかけられることもあります。

もう一つ大変なのは、実習校を自分自身で探さないといけない点です。都道府県によっては、大学と教育委員会が調整してくれるところもありますが、多くの大学生は自分の出身校に電話するなどして、直接コンタクトを取ります。地方から出てきた学生の中には、教育実習を受けに、いったん地元に戻る人も少なくありません。

加えて、教育実習が行われるのは、大学4年次の5～6月頃、教員採用試験の直前期というのが一般的です。実習中は試験対策に割ける時間はほとんどないので、「もっと早くに勉強しておけばよかった……」と後悔する人も少なからずいます。そのため、最近では、教育実習の時期を大学3年次の秋、あるいは大学4年次の秋に変更する大学もあります。

教育実習で「うまく授業ができた」「自信がついた」と振り返る学生は、ほとんどいません。「自分に教師なんて務まるだろうか……」と不安になる人が大半です。現在教師として活躍する人たちの多くも、そうした洗礼を受けてきたわけです。教育実習がうまくいかなかったからといって、落ち込むことなく、教師への道を志してほしいと思います。

もう一つの介護等体験は、小学校と中学校の教員免許状取得者にのみ、課されています。実施時期は決まっていませんが、大学2～3年次に行う大学がほとんどです。申し込みは、大学が一括して行うので、学生自身が実習先を探してくる必要はありません。実習期間は、福祉施設等で5日間、特別支援学校で2日間の計7日間で、文字どおり、障害者や高齢者への介護などを体験します。

「教師を目指す人間が、なぜそんな実習に参加しないとダメなの？」

そう思う人もいると思います。私自身も、この制度の必要性には少々疑問を感じていますが、制度導入時の狙いは、「人の心の痛みの分かる教員」「価値観の相違を受け入れられる教員」の育成というものです。本当に介護等体験でそうした資質が育つのか……という疑念はさておき、小中学校の教員免許状を取る人は必ず参加しないといけないので、忘れずに申し込むようにしましょう。

## ◉社会人が教員免許状を取るまでの道のり

さて、ここまで主として高校生の目線から、教員免許状取得の道のりについて説明してきました。一方で、社会人から教員を目指す場合は、どのようにしたら教員免許状を取得できるのでしょうか。

道のりは、幾つかあります。4年制大学を卒業した人であれば、最も現実的で確実なのは、私立大学の通信教育課程を利用することでしょう。履修期間は2年間、学費はトータルで30万円程度です。昼間に大学へ通わなくて済むため、仕事を続けながら学べるのが最大のメリットです。

とはいえ、通信教育課程にも「スクーリング」があり、2年間のうちに数回は大学へ通わなければなりません。もちろん、教育実習や介護等体験もあります。この間は、〝勤務しながら〟とはいきませんので、会社を休む必要があります。現実的に2〜4週間の休みを認めてくれる会社は少ないでしょうから、教育実習の時期が来たら退職……という覚悟も、あるいは必要かもしれません。

一方、会社を完全に辞めて挑むとなれば、選択肢は広がります。通信教育課程はもちろん、昼間の大学に編入学して正規の大学生になるという方法もあります。その場合、過去の履修状況次第で、2、3、4年生のいずれかに編入することが可能です。

また、正規の大学生にならずとも、科目履修生となって必要単位を取得し、教員免許状を取れる場合もあります。ここでネックとなってくるのは、やはり教育実習と介護等実習です。これら実習科目を科目履修生には履修させてくれない大学が大半だからです。例外的に、出身大学であれば、認めてくれるところもあるので、一度問い合わせてみてください。

こうして見てきても、社会人の教員免許状取得において、教育実習と介護等実習が大きな壁となって立ちはだかっていることが分かります。これに参加せずとも、教員免許状を取得できる方法はないものか……。そんな〝ウルトラC〟が一つだけあります。文部科学省が実施する「教員資格認定試験」に合格することです。「教員資格認定試験」は年1回、9～11月頃に全国6会場で実施されています。内容は、筆記試験や論述試験、口述試験（面接）、授業観察などで、教員採用試験と似ているため、同時並行での対策が可能です。

ただし、この試験が実施されている校種は、幼稚園と小学校、特別支援学校だけで、中学校や高校では実施されていません。また、取得できるのは「二種免許状」です。難易度は高く、合格率は公表されていませんが、10人に1人以下ではないかといわれています。

**◆文部科学省　教員資格認定試験**

非常に狭き門ではありますが、乾坤一擲《けんこんいってき》の勝負に賭けてみたいという人がいたら、挑戦してみてください。

なお、大学・短大を卒業していない人は、やはり正規の大学・短大に入学し、教員免許状を得るための単位を履修する必要があります。また、高校を卒業していない人は、「高校卒業程度認定試験」を受けて、高卒資格を得た後に、大学・短大に入学する必要があります。

**※教員資格認定試験については、前ページのＱＲコードからスマートフォン等で詳細が確認できます。**

## ◉小学校・中学校〝ダブル免許〟取得のメリット

この項の最後に、小学校と中学校の免許（いずれか1教科）を〝ダブル〟で取得することについて、少しだけ述べたいと思います。

一般的に、小学校の教員が中学校に異動することは多くありません。その逆も然りで、中学校の教員が小学校に異動することも稀です。例外は管理職で、中学校の教員として勤めてきた人が、小学校の校長になったりすることが多々あります。

校種をまたいでの異動が少ないのは、当然といえば当然です。小学校の教員と中学校の教員とでは、求められる技能が大きく違ってきますし、そもそも教員免許状の壁があります。管理職が例外なのは、教壇に立たないがゆえ、その校種の教員免許状が必要ないからです。

しかし最近になって、こうした状況に変化が出てきました。2016年4月から、新たに「義務教育学校」が設置可能となったからです。

「義務教育学校」とは、いわゆる9年制の小中一貫校で、区市町村が必要に応じて設置できます。〝できる〟という規定のとおり、設置が義務付けられているわけではありません。そのため、まだ数は多くありませんが、徐々に増え始めてきています。

これが設置された理由は、いわゆる「中1ギャップ」の解消です。中学1年生になると、不登校やいじめなどが急増する状況を改善するため、この段差を緩やかにする取り組みが、さまざまな形で行われています。その究極の形ともいえるのが、小学校と中学校を一つの学校にまとめてしまう「義務教育学校」なのです。

けれども、義務教育学校の設置には、大きな壁があります。それは教員免許状です。「相当免許状主義」に則り、義務教育学校の教員は「小学校の教員の免許状及び中学校の教員の免許状を有する者でなければならない」と法律で定められているのです。

現状、小学校と中学校の両免許状を持っている人は、さほど多くないため、義務教育学校を設置しても、そこで教えられる教員が十分に手配できません。そのため、法律では例外規定を設けており、「当分の間」は小中のどちらかの免許状があれば構わないとしています。

ただし、小学校の教員免許状なら1～6年生、中学校なら7～9年生の所持する免許状の教科といった形で、教えられる学年・教科は限定されます。

この「当分の間」がいつまでなのかは、定かではありません。しかし、義務教育学校の数が増えていけば、小中の〝ダブル免許〟を持っている人をどの自治体も欲しがることでしょう。そうなれば、教員採用試験の選考に影響を及ぼす可能性もあります。

けれども、2017年度における義務教育学校の設置数は、全国で48校にすぎません。小学校が約2万校、中学校が1万校あることを考えれば、まだ一握りといえるでしょう。少なくとも現状では、教員採用試験の選考に〝ダブル免許〟が切り札となる可能性は低いと思われます。

しかしながら、今後も義務教育学校の数が増え続け、「当分の間」とされた例外規定が取り払われれば、局面はガラッと変わってきます。大学によっては、4年間で小中のダブル免許を取れるところもあるので、履修科目は相当な数に上りますが、意識の高い人は目指してみてください。

# PART 5

# 「職業＝教師」となるための採用試験を受ける

**Question**

教師として教壇に立つまでの
道のりを教えてください。

## Answer

教員免許状を取得した上で、
各都道府県等が実施している教員採用試験を受験し、
合格する必要があります。
そのためには、十分な対策が必要です。

15

# 教員採用試験の基本知識

最後は、教員採用試験についてです。この関門をクリアすれば、晴れて教師となります。一体、どのような試験が待ち受けているのでしょうか。そして、どのような対策が必要なのでしょうか。

すでに述べましたが、教師になるためには、第1ステップとして教員免許状を取得すること、第2ステップとして教員採用試験に合格することが必要です。第1ステップは、お金と努力と時間があればクリアできますが、第2ステップはそうはいきません。他人との競争に勝って、合格を勝ち取らなければならないからです。

実際、教員採用試験とはどのようなものなのでしょうか。まずは、基本的な枠組みから説明をしていきます。

## ◉教員採用試験は全国どこの自治体でも受験できる

教員採用試験の実施主体は、基本的に都道府県と政令指定都市です。日本には、都道府県が47、政令指定都市が20ありますので全部で67……と書きたいところですが、北海道と札幌市、千葉県と千葉市、広島県と広島市は合同で実施しています。また、大阪府では5自治体で構成する「豊能地区」が、特例制度を利用して教員採用試験を実施しています。よって、実施主体は「67−3＋1＝」で「65自治体」（２０１７年度時点）となっています。

教員免許状さえ持っていれば、もしくは取得見込みであれば、これら65自治体のどこでも受験できます。例えば、北海道の大学で教員免許状を取得した人が、沖縄県の教員採用試験を受けることも可能です。地元出身者への加点措置等はないので、勝負は平等。実際、縁もゆかりもない自治体の教員になる人も少なくありません。

また、教員採用試験は、複数の自治体を併願することも可能です。ただし、日程的な制約があります。例えば、関東地方の場合、どの自治体も1次試験の実施日を「7月の第2土曜日」としているため、東京都と神奈川県を併願することはできません。同様に、関西地区、東北地区なども、近隣自治体は併願ができないようになっています。受験者からすれば、近隣自治体こそ併願したいところなので、歯がゆいところです。

しかし近隣自治体でなければ、併願は幾つでも可能です。２０１７年度の日程（１７４ページ参照）でいえば、例えば北海道・札幌市→栃木県→東京都→広島県・広島市→宮城県といった具合に、〝教員採用試験めぐり〟をすることも可能です。実際、私が知る大学生の中には6自治体の1次試験を受け、すべて突破した人もいます。

教師としての仕事の醍醐味や喜びは、全国どこの学校でも味わうことができます。ネックとなるのは土地勘と方言くらいでしょうが、いずれもさほどマイナスに作用するものではありません。「地元が好き」という人に無理強いをするつもりはありませんが、教師という崇高な職業を選ぶ上で、地域にこだわらないスケールの大きさを持ってほしいと思います。

◆教員採用試験の1次（筆記）試験日程（2017年度）

| 試験日 | 実施自治体 | 自治体数 |
| --- | --- | --- |
| 6月24・25日 | 北海道・札幌市／高知県 | 2 |
| 7月1・2日 | 栃木県／京都府／京都市／大阪府／大阪市／堺市／豊能地区／神戸市／奈良県・大和高田市／福岡市 | 10（主に関西ブロック） |
| 7月8・9日 | 茨城県／群馬県／埼玉県／さいたま市／千葉県・千葉市／東京都／神奈川県／横浜市／川崎市／相模原市／新潟県／新潟市／山梨県／長野県／静岡県／静岡市／浜松市／滋賀県／岡山県／岡山市 | 20（主に関東甲信越ブロック） |
| 7月15・16日 | 福井県／鳥取県／島根県／広島県・広島市／山口県／香川県／福岡県／北九州市／佐賀県／長崎県／熊本県／熊本市／大分県／宮崎県／鹿児島県 | 15（主に中国ブロック、九州ブロック） |
| 7月21日 | 徳島県 | 1 |
| 7月22・23日 | 青森県／岩手県／宮城県／仙台市／秋田県／山形県／福島県／富山県／石川県／岐阜県／愛知県／名古屋市／三重県／兵庫県／和歌山県／愛媛県／沖縄県 | 17（主に東北ブロック・中部ブロック） |

## ◉選考は校種・教科単位で行われる

教員採用試験の選考は、ほぼ教員免許状の種類と同じ区分で行われます。「小学校」は一区分、中学校や高校は「中学校・国語」「高校・数学」といった区分で、各自治体が採用人数を設定し、その枠をめぐっての戦いが繰り広げられるわけです。

ただし、自治体の中には、「中高共通・国語」といった具合に、中高に共通する教科はひとくくりにして選考を行っているところもあります。その場合は、採用決定後に中高のいずれに配属されるかが決められます。

また、大阪府では小学校と中学校の教員をひとくくりにした「小中いきいき連携」という枠を設けています。PART４で述べた義務教育学校の設置等を見据えた措置で、受験者は小学校と中学校（いずれか1教科）の〝ダブル免許状〟が必要となります。

特別支援学校については、小学校とひとくくり、あるいは中学校とひとくくりにして採用選考を行っている自治体もあります。そうした自治体の中には、特別支援学校の教員免許状を受験資格としているところもあれば、そうでないところもあります。

受験区分ごとの採用数は、年度ごとに自治体が決定します。そのため、前年度より増えることもあれば、減ることもあります。時に、大きく減ったり増えたりもするので注意が必要です。過去5年の増減を全国的にみると、中学校や高等学校は横ばいで、それ以外は微増といった感じになっています。とはいえ、状況は自治体によって大きく異なります。各自治体の校種・教科区分ごとの採用数は、募集要項等で発表しているところが多いので、確認をしておくようにしましょう。

## ◉競争倍率は自治体・校種によって大きく違う

教員採用試験については、「難しい」という噂を聞いた人もいれば、「やさしい」と聞いた人もいると思います。果たして、真相はどうなのでしょうか。

結論からいえば、「難しい」とも「やさしい」ともひとくくりにいうことはできません。教員採用試験は、受験する「校種」や「自治体」によって、競争倍率が大きく違っているからです。

まず、校種別に見てみましょう。2016年度実施試験の全国平均を見ると、最も倍率が低いのは小学校で3・6倍。次いで、特別支援学校が3・7倍となっています。一方で、中学校は7・1倍、高校は7・0倍となっており、小学校や特別支援学校とは大きな開きがあります。

小学校の場合、倍率3・6倍ですから、4人に1人以上は合格する計算です。一方の中学校は倍率7・1倍ですから、7人に1人も合格しない計算になります。こう考えると、難易度の違いは明白です。

次に、自治体別に見ていきます。全受験区分を総合した場合、競争倍率が最も低いのは富山県の3・3倍。次いで、山口県の3・7倍となっています。一方で、最も高いのは鹿児島県の10・9倍。次いで沖縄県の9・7倍となっています。富山県と鹿児島県とでは、倍率が3倍以上も違う計算になります。

もう少し細かく、「自治体＋校種」別に見てみると、その差はより大きくなります。最も倍率が低いのは「山口県・小学校」と「高知県・小学校」の2・2倍、最も倍率が高いのは「鹿児島県・高校」の19・9倍です。同じ教員採用試験でも、これだけの差があるわけです。

中学校や高校は、教科によっても倍率が違ってきます。例えば、「熊本県・高校・数学」は採用予定者わずか2名に対し、志願者は83名。倍率は41・5倍にも上ります。40人に1人も受からない計算ですから、絶望的な気持ちになる受験者もいるでしょう。

◆試験区分（校種等）別の競争倍率（全国平均）

| | |
|---|---|
| 小学校 | 3.6倍 |
| 中学校 | 7.1倍 |
| 高等学校 | 7.0倍 |
| 特別支援学校 | 3.7倍 |
| 養護教諭 | 7.4倍 |
| 栄養教諭 | 7.7倍 |

◆競争倍率の高い自治体ベスト5

| | | |
|---|---|---|
| 1位 | 鹿児島県 | 10.9倍 |
| 2位 | 沖縄県 | 9.7倍 |
| 3位 | 秋田県 | 8.0倍 |
| 4位 | 宮崎県 | 7.2倍 |
| 5位 | 青森県、岩手県 | 6.9倍 |

◆競争倍率の低い自治体ベスト5

| | | |
|---|---|---|
| 1位 | 富山県 | 3.3倍 |
| 2位 | 山口県 | 3.7倍 |
| 3位 | 滋賀県 | 3.8倍 |
| 4位 | 広島県・広島市 | 3.9倍 |
| 5位 | 茨城県 | 4.0倍 |

◆教員採用試験の全国倍率の推移

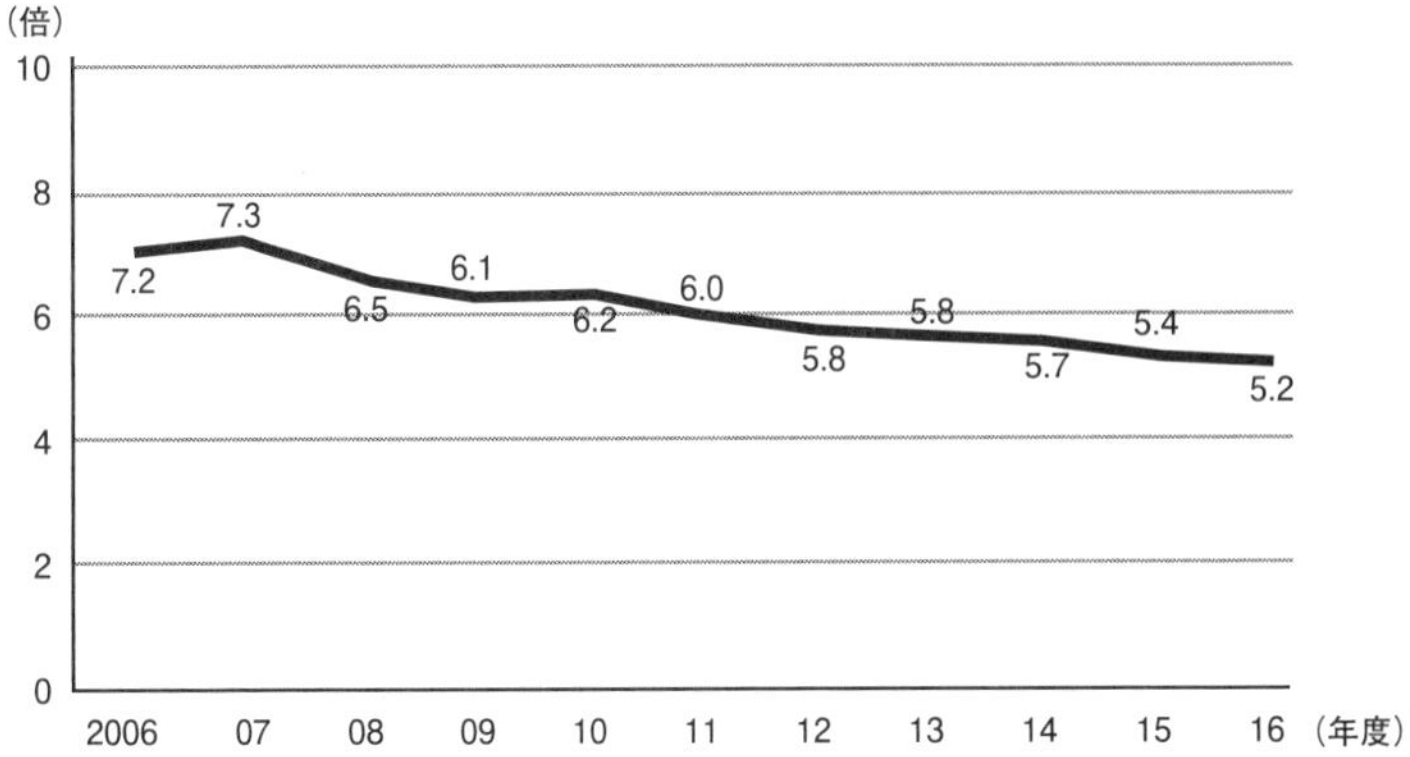


実際のところ、倍率の高い中学校や高校、養護教諭、栄養教諭などにおいては、十分な力を持っていながらも、何年も合格できない人がいます。こればかりは、募集定員があるから仕方がない話です。

どうしても合格したいのであれば、受験する校種を変えるという手もあります。もちろん、中学校から小学校に鞍替えするならば、小学校の教員免許状を新たに取得する必要があります。その場合、1～2年の歳月を要することになりますが、〝急がば回れ〟的に考えれば、案外近道といえるかもしれません。

また、場所を問わないのであれば、受験自治体を変えるという手もあるでしょう。

なお、競争倍率の推移を見ると、過去10年間、ほぼ一貫して下がり続けています（上図参照）。

「やった！　この調子で下がり続ければ、合格しやすくなる！」

そう思ったら大間違いです。今後は徐々に採用数が減り、倍率が上がるであろうとの見通しが立てられています。過去10年間、倍率が下がり続けていた理由は、定年退職を迎える教員が多く、各自治体が採用数を増やしていたからです。

今後、定年退職者の数は減っていく見通しで、必然的に採用数は絞られていくことでしょう。これから数年先に教員採用試験を受ける人は、今よりも厳しい戦いが待っていることを覚悟しておく必要があります。

## ◉教員採用試験の大まかな流れ

続いて、教員採用試験が具体的にどう進められるのか、日程的な流れを大まかに見ていきたいと思います。

まず、毎年2月〜4月頃に、教員採用試験を実施する自治体から募集要項が発表されます。この募集要項には、試験の日程、内容、選考方法、合格後の待遇などが書かれています。まずはこれを熟読することが、試験へのスタート地点です。募集要項は、自治体のホームページで入手可能ですし、窓口で受け取ることもできます。また、自治体によっては、説明会などが開催され、そこで配付されることもあります。

募集要項には、願書が付いています。これを記入し、必要事項を記入し、写真を貼付して郵送または持参で提出します。願書提出の締め切りは、自治体によって異なりますが、概ね4月下旬～6月上旬にかけてです。1日でも遅れたら〝ゲームオーバー〟となりますので、必ず募集要項で確認しておく必要があります。

なお、最近は願書の提出を電子申請でも可能とする自治体も増えています。その場合は、パソコンから必要事項を入力することになりますが、同じく申請の締め切り日がありますので注意が必要です。

願書の提出が終わると、しばらくして自治体から「受験票」が送られてきます。この辺りの流れは、大学受験と同じです。受験票には、1次試験の会場も記載されています。

1次試験が行われるのは、6月下旬から7月上旬にかけてです。1次で課されるのは、主に筆記試験で、自治体によっては論作文試験や面接試験が課される場合もあります。また、1次試験が2回にわたって別日に行われる自治体もあります。

1次試験の合否が出るのは、7月下旬から8月上旬にかけてです。結果発表は、自治体のホームページで行われます。もちろん、氏名が載るわけではなく、受験番号が掲載されます。また、合格者には郵便でも書類が届きます。

1次試験に合格した人は、8月中旬～9月上旬にかけて行われる2次試験に挑みます。主な内容は、論作文試験、面接試験、模擬授業、集団討論、実技試験などです（これらの詳細は後述します）。一部では3次試験まで行う自治体もありますが、大半の自治体は2次試験が最終となります。

その後は、9月下旬～10月上旬にかけて行われる最終結果発表を待つのみです。1次試験と同じく、合否は自治体のホームページ上で行われます。

なお、教員採用試験の合格は、一言で「合格」とはいえない側面があります。自治体にもよりますが、合格者をA・Bにランク付けし、Aランクを「採用」、Bランクを「採用候補」などとするところがあるからです。何ともすっきりしないところですが、正式に採用・不採用が決まるのは年明け以降となります。

## ◆教員採用試験のスケジュール

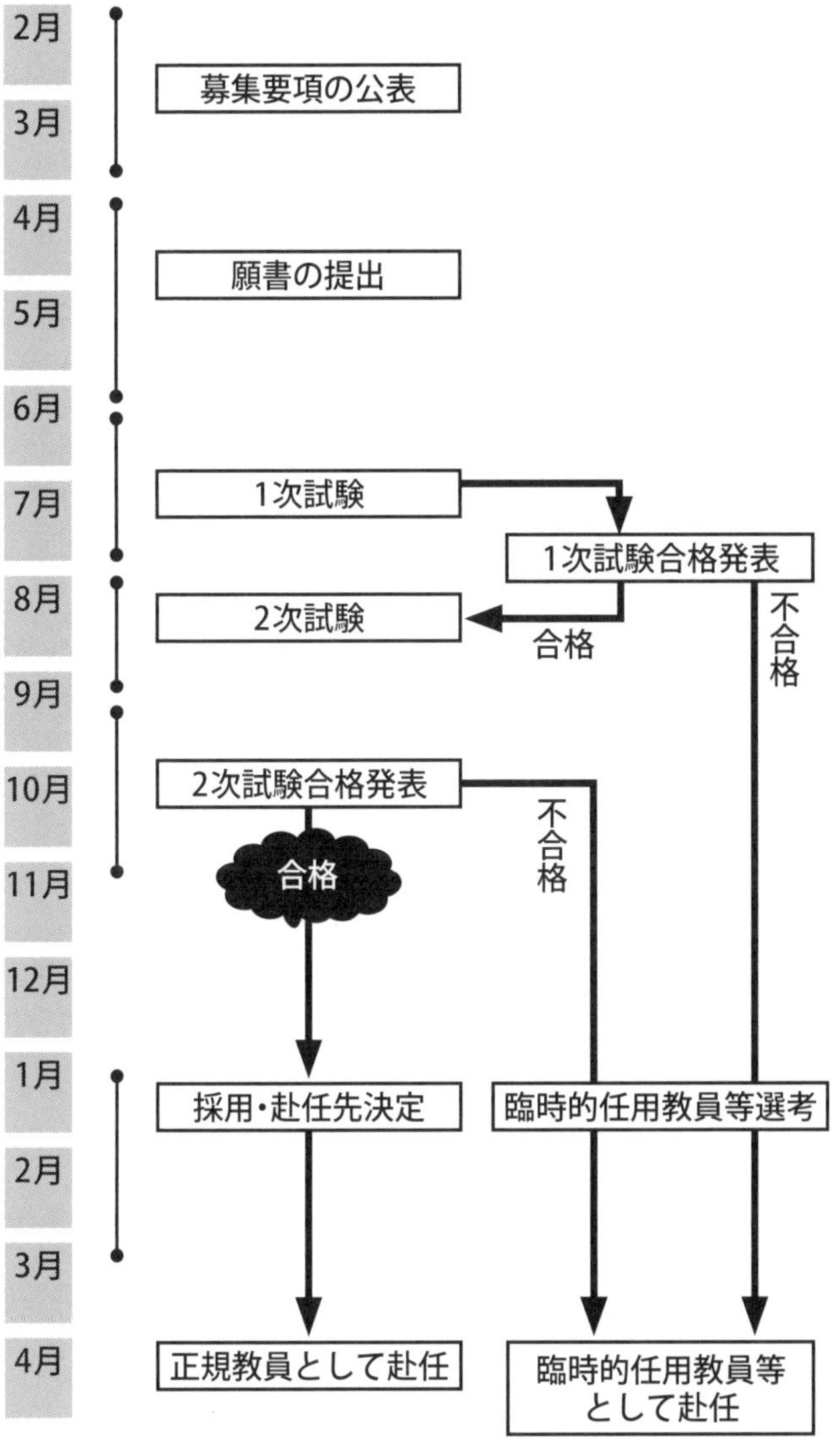

## ◉受験者によっては「特別(特例)選考」枠で受けられる

教員採用試験の受験者は、大学4年生だけではありません。前年度の試験で不合格だった臨時的任用教員や非常勤講師、私立学校の教員、民間企業の勤務者、他自治体の教員などもいます。民間企業のように、中途採用選考が別にあるわけではないので、経験者も未経験者も一緒に試験を受けることになります。

とはいえ、大学生と経験者をまったく区別せず、同じ枠で競わせるのもおかしな話です。そのため、各自治体とも、社会人としてのキャリアを持つ人を対象とした「特別(特例)選考」枠を設けています。

そして、特別選考枠は、受験者のキャリアごとに、さまざまなものが設けられています。具体的には、次のようなものがあります。

**【特別選考枠の例】**

教職経験者＝正規教員・臨時的任用教員等としての一定年数以上の経験のある人

社会人経験者＝民間企業や官公庁に一定年数以上勤めた経験のある人

国際貢献活動経験者＝海外でのボランティア活動に一定年数以上従事した経験のある人
スポーツ・文化・芸術＝スポーツ・文化・芸術分野で、秀でた記録や実績のある人

これらは特別選考の一般的な例であり、他にも資格等に応じた選考枠を設けている自治体もあります。また、特別選考の枠までは設けてはいないものの、資格やキャリアによって、加点をしてもらえる自治体もあります。

一方、大学生には、「大学推薦枠」というものがあります。大学から推薦を受けることができた場合、1次試験が免除されるのです。

大学推薦を受けることができれば、1次の筆記試験が免除されるため、試験対策の大半を論作文や面接などの2次試験対策に費やすことができます。加えて、1次試験の日程がネックとなってできなかった近隣自治体の併願もできます。もちろん、両方とも合格した場合は、推薦を受けた自治体に行かなければなりませんが、2自治体を並行して受けられれば、精神的なゆとりも大きくなります。

しかしながら、大学推薦は簡単に受けられるわけではありません。学内での厳しい選考を勝

ち抜く必要があります。この枠をゲットしたい人は、大学1年次から高い意識を持って、学生生活に臨む必要があるでしょう。

もう一つ、一部の自治体が実施している「教師塾」などに入り、一定期間、所定の講座や実習等を受けることによって、特別選考枠で受験するという手もあります。この場合も、試験内容の一部が免除されますが、誰でも入れるわけではなく、学内推薦を受けたり、選抜試験に合格したりする必要があります。

大学生の場合、特別選考枠で受験できれば、合格する確率はぐっと高まります。とはいえ、合格が確約されたわけではないので、油断は禁物。また、失礼なことがあれば、大学の顔に泥を塗ることになるので、責任の重さを肝に銘じて臨む必要があります。

16

# 教員採用試験の内容

ここまで、教員採用試験の基礎知識について説明してきました。ここからは、もう一歩踏み込んで、具体的な試験内容と必要な対策について説明していきたいと思います。

教員採用試験は、大きく分けて「筆記試験」「論作文試験」「面接試験」「実技試験」などがあります。それぞれの内容・形態は、自治体によって違いますが、ここではオーソドックスな例に沿って解説していきます。

## ◉筆記試験の出題内容

まずは、筆記試験についてです。

筆記試験は、すべての自治体で実施されています。特別選考等で免除されない限り、しっかりと学習して挑まなければなりません。

筆記試験の回答形式は、マークシート式、選択式（A～Dから選ぶ等）、記述式（語句を記述する等）のいずれかで、自治体によって異なります。最も多いのはマークシート式で、次いで選択式、記述式となっています。また、出題形式としては、正解もしくは誤りを回答する「正誤判定問題」と、空欄に語句を入れる「空欄補充問題」があります。

筆記試験は、大きく3領域に分かれます（次ページの表参照）。一つ目は「教職教養」で、いわゆる教育学全般に関わる知識が問われます。具体的には、教育の基本原理・原則に関すること、教育の歴史に関すること、教育心理学に関すること、教育関連法規に関することなどが問われます。

二つ目は「一般教養」で、こちらは小中高で学習してきた事柄を中心に問われます。難易度は自治体によって多少差がありますが、概ね中学～高校1年生レベルです。高校受験や大学受験を経験してきた人にとっては、なじみ深い領域でしょう。ただ、例外は時事問題で、最近の

## ◆筆記試験の内容

| | | |
|---|---|---|
| 教職教養 | 教育原理 | 教育の原理・原則等に関する分野 |
| | 教育史 | 日本と西洋の教育の歴史に関する分野 |
| | 教育心理 | 教育心理学に関する分野 |
| | 教育法規 | 学校教育に関連する法令などを包括する分野 |
| | 教育時事 | 教育に関する時事的な動向・話題などを包括する分野 |
| 一般教養 | 人文分野 | 国語・英語・音楽・美術・保健体育・家庭　など |
| | 社会分野 | 歴史・地理・政治・経済・倫理 |
| | 自然分野 | 数学・物理・化学・生物・地学 |
| | 時事分野 | 国際情勢・政治・経済・社会・情報・科学・環境・文化・スポーツ |
| 専門教養 | 出題内容は、校種・教科によって異なる。内容はかなり高度 | |

ニュース・トピック等に関する問題が出題されます。

三つ目は「専門教養」で、いわゆる教科指導に関する事柄が問われます。受験する教科ごとに、例えば、数学科の受験者ならば数学に関すること、社会科の受験者なら歴史・地理・公民等に関することが問われます。内容はかなり高度で、大学入試レベルか、あるいはそれ以上の知識・技能が問われることもあります。

なお、小学校の専門教養は「小学校全科」と呼ばれ、全教科に関することが広く問われます。ただし、内容は中学・高校の専門教養ほど高度ではありません。

これら3領域のうち、教職教養と一般教養はひとくくりにして実施する自治体が大半です。また、一般教養については、東京都をはじめ、出題しない自治体が多数あります。

次に示すのは、東京都と神奈川県の筆記試験（一般選考）の実施内容です。

**【東京都】**

・教職教養　60分間
・専門教養　60分間

**【神奈川県】**

・一般教養・教職専門　60分間
・教科専門　60分間

神奈川県の「教職専門」は「教職教養」のこと、「教科専門」は「専門教養」のことです。オーソドックスなのは、神奈川県の形式ですが、東京都のように一般教養がない自治体もあります。なお、問題数や制限時間等も自治体ごとに異なります。どの自治体も問題文は公開しており、中にはホームページで見られるところもありますので、確認してみてください。

## ◉筆記試験の対策方法

では、筆記試験対策はどのように進めればよいのでしょうか。教科書をベースに対策してきた高校受験や大学受験と違い、教員採用試験は問題集と参考書が対策のベースとなります。出版各社から多様な問題集が出されていますので、自分に合ったものを購入し、学習することになります。

ここで注意したいのは、良さそうな参考書と問題集を購入したからといって、何も考えずに着手しないことです。筆記試験の出題内容は、自治体によって大きく異なり、中には特定分野の領域からは、ほとんど出題しないところもあるからです。市販の問題集は、幅広い範囲を網羅的にカバーしているので、これをすべて勉強すると、出題確率が極めて低い分野に多大な労力をかけてしまうことになります。

そのために、ぜひやってほしいのが、過去問の分析です。自治体の過去問を数年分入手し、どの分野からよく出題されているのか、問題の形式はどうなのかをじっくりと分析するのです。その上で、参考書と問題集の必要な部分だけを重点的に学習するとよいでしょう。

過去問については、数年分の問題と回答をホームページで公開している自治体もあります。また、数年分の過去問と解説を収録した過去問集も、幾つかの出版社から市販されています。これらを購入して、分析してみてもよいでしょう。

ちなみに、筆記試験対策の開始時期は、大学3年の秋頃という人が多いようです。ごくまれに、大学4年の4月から始めたという人もいますが、それで合格できる人は、よほど学力に自信のある一握りの人です。自信のない人は、少しでも早い時期に着手するようにしましょう。

## ◉論作文試験の出題内容

次に、論作文試験です。自治体によって、「論文試験」「小論文試験」などとも呼ばれ、出題の仕方や文字数、制限時間なども違っています。ただ、問題文が試験当日に示されること、学校教育に関連する内容が問われることなどは、共通しています。

論作文試験については、実施していない自治体も少なくありません。文章を書くのが苦手という人は、そうした自治体を狙って受験するという手もあるでしょう。

実際に、どんな問題が出されるのでしょうか。

次に示すのは、２０１６年度に実施された横浜市の問題です。

**【横浜市（2016年度実施）／一般選考／小学校受験者／制限時間45分】**

学校と地域が連携し、地域の人材を活用することは、授業の活性化につながります。そこで、子どもの学習意欲を高めるために、授業で、どのように地域の人材を活用したらよいと考えますか。あなたの考えを具体的に述べなさい。（800字以内）

昨今、学校は「地域との連携」や「地域人材の活用」を図ることが求められています。横浜市のように、学校教育における課題をもとに、「どう考え、実践するか」を回答させる自治体は少なくありません。

続いて、以下は東京都の問題です。

**【東京都（2017年度実施／一般選考／小学校受験者／制限時間70分）】**

次の記述を読み、下の問題について、論述しなさい。

あなたは、第3学年の学級担任である。年度初めの学年会で、学年主任から、「昨年度、授業中に先生や友達の話を最後まで聞かないで発言する児童や、給食当番や掃除当番の仕事を友達に押し付けてしまう児童が見られました。また、児童が学級で使う学習用具を元の場所に戻さないということも多く見られました。このような実態の改善を図るために、今年度の学年経営の方針は『学習や生活のきまりを守らせる。』にしたいと思います。」と報告があった。

学年会終了後、学年主任からあなたに、「先ほどの学年経営の方針に基づいて、学級経営の重点をどこに置き、どのように取り組んでいくか、具体的に考える必要がありますね。」と話があった。

**問題**

学年主任の発言を受けて、あなたなら学級担任としてどのように学級経営を行っていくか、

「学習指導」と「生活指導」について具体的な方策を一つずつ挙げ、それぞれ10行（350字）程度で述べなさい。また、その方策を考える上での問題意識やまとめなどを含めて、全体で30行（1050字）以内で述べなさい。ただし、26行（910字）を超えること。

「問題文が長い！」と感じた人も多いことでしょう。東京都の問題は、少し複雑な状況設定をした上で、論述させるのが特徴です。

論作文試験の出題形式は、自治体によってまちまちです。グラフを見て回答する形式、やや長めのエッセー等の文章を読んで回答する形式などもあります。

こちらも、筆記試験と同様、志望する自治体の過去問を確認しておくとよいでしょう。

## ◉論作文試験の対策方法

論作文試験については、「自分は文章がうまいから大丈夫」と考え、大して対策せずに挑む人も少なくありません。しかし、そうした人の大半は、本番で痛い目に遭っています。論作文試験には、普通の論文や作文と異なる、特有の〝定石〟があるからです。

その定石がどのようなものかはここで詳しく説明しませんが、これを踏まえずに書くと、どんなに文章がうまくとも、高得点は得られません。

では、具体的にどのような対策をすればよいのでしょうか。王道は、やはり執筆練習を重ね、それを誰かに添削指導してもらうことです。ここで問題となるのは、「何を書くか」と「誰に指導してもらうか」です。

「何を書くか」については、よく出題される〝定番〟テーマがあるので、当面はこれらのテーマに基づき、「どう考え、どう実践するか」を書いていくことになります。具体的な定番テーマとして、次のようなものが挙げられます。

**【論作文試験の〝定番〟テーマ】**

教員の資質能力の向上／作りたい学級像／魅力ある授業づくり／確かな学力の向上／「生きる力」の育成／いじめへの対応／不登校への対応／規範意識の醸成／自己肯定感の育成／地域との連携

また、定番テーマとは別に、〝トレンド〟的なテーマというものもあります。ここ1～2年、学校の課題として急上昇してきたテーマです。

**【論作文試験の〝トレンド〟的テーマ】**

「チーム学校」への取り組み／主体的・対話的で深い学び／特別の教科・道徳の実践／発達障害のある児童生徒への対応

定番テーマに比べて、トレンド的なテーマの中には、あまり聞き慣れない言葉もあるでしょう。しかし、いずれも学校教育における今日的な課題で、出題される可能性が高いテーマです。

次に、「誰に指導してもらうか」ですが、〝ベストは元校長など〝現場上がり〟の人です。大学によっては、教師を目指す人向けに支援室などを開設し、そこに元校長等の指導員を常駐させているところもあります。そうした指導員がいれば、論作文の添削指導も存分に受けられるでしょう。

もう一つ、教育実習でお世話になった校長先生に見てもらうという手もあります。ただし、この場合は、教育実習期間中に良好な関係性をつくっておくことが前提です。そうした関係性ができていれば、時間のあるときなどに学校を訪れ、添削指導を仰ぐことも可能でしょう。

一方で、社会人の場合は、誰に指導してもらえばよいのか、悩ましいところです。方法の一つとして、民間事業者の通信添削講座を利用するという手がありますが、添削のプロが数回にわたって、丁寧に指導してくれるので、十分に力をつけられます。また、論作文の参考書等も何冊か出ており、そこには模範答案例も収録されているので、参考にするとよいでしょう。

## ◉個人・集団面接の内容

面接試験も筆記試験と同様、すべての自治体が実施しています。その形式は、受験者1名で行われる「個人面接」と、受験者数名単位で行われる「集団面接」とがあります。試験官役を務めるのは、現職の校長もしくは教育委員会の職員です。教育委員会職員といっても、元は教員だった人が大半です。また、最近は保護者を試験官に加える自治体もあります。

個人面接は20～30分程度、集団面接は30～50分程度、実にさまざまなことを聞かれます。次に示すのは、実際の面接試験で受験者が聞かれた内容です。

**【面接試験の質問例】**

・教員を志望した理由は何ですか？
・数ある自治体の中で、どうして本県を選んだのですか？
・あなたの短所は何ですか？　改善している場合は、改善方法も教えてください。
・学生時代、あなたが最も力を入れたことは何ですか？
・教育実習での成果と課題は何ですか？
・教員になったらどのような授業をしたいですか？
・教員に大切な資質は何ですか？
・魅力ある教師とはどのような教師ですか？
・アクティブ・ラーニングとは何か、説明してください。
・併願先と本県の両方とも合格したらどうしますか？
・「先生の授業はつまらない」と言われました。どう対応しますか？
・担任をしていたところ、生徒に「先生もクラスのグループＬＩＮＥに入ってください」と言われました。どう対応しますか？

こうして見ても、受験者自身のことから、教師になった後のことまで、実にさまざまなことを聞かれることが分かります。比較的答えやすい質問もあれば、どう答えたらよいか戸惑う質問もあります。「グループＬＩＮＥ」について聞かれた受験者は、想定外で面食らったことでしょう。

面接試験で、受験者が気になるのが「圧迫面接」の有無です。民間企業の就活では、よく用いられる手法ですが、教員採用試験ではどうなのでしょうか。

受験者からは、「圧迫面接があった」という話をしばしば聞きます。しかし、よく聞いてみると、曖昧な回答を厳しく追及されたという程度。民間企業で行われる圧迫面接ほど、敵意をむき出しにして、きつい言葉を投げかけられたわけではないようでした。

元試験官に聞いても、「圧迫面接はない」という人が大半です。圧迫面接は元来、営業職などを目指す人に対し、クレーム対応等の資質を見るために行われるものです。

昨今は、企業自体の悪評につながることから、控えるところが少なくありません。何をもって圧迫面接とするかという〝線引き〟にもよりますが、こと教員採用試験において、圧迫面接はほとんどないといって差し支えないでしょう。

## ◉個人・集団面接の対策方法

面接試験は、試験官の質問に回答するだけというシンプルなものです。回答内容に、必ずしも正解があるわけでもありません。その意味では、筆記試験より気楽に挑めるような気がします。

ところが、これを甘く見ていたがゆえに、痛い目に遭う人は少なくありません。

「自分は筆記試験が完璧だったから大丈夫。たかが面接で落とされることはないだろう」

そう考えていた人が、2次の面接試験で逆転を食らい、不合格となるケースが珍しくないのです。驚くかもしれませんが、「面接こそが、教員採用試験の本丸」なんていう採用関係者すらいます。

一体、どういうことなのでしょうか。試験において、筆記よりも面接が重視されるなんてことがあるのでしょうか。

自治体にもよりますが、面接試験の比重が高くなっているという状況は、確かにあります。その人の知識や技能よりも、〝人間性〟を見たいと、多くの採用担当者が考えているからです。その傾向は、小学校で最も強く、中学、高校と上がるにつれて、弱まるように感じます。

背景には、子どもや保護者、同僚との関係性をつくれる教員、高いコミュニケーション力を持った教員がほしいという、学校側の要望があります。

PART1で、教師には高い学力だけでなく、豊かな人間性も必要との話を書きました。いくら知識や技能が高くとも、子どもと信頼関係を築けなければ、授業そのものが成立しないからです。採用側がそうした実情を理解するにつれ、〝人物重視〟の傾向が強まってきたといえます。

そうした状況もある中で、何ら対策せず面接試験に臨むわけにはいきません。具体的に、どんな対策をすればよいのでしょうか。

教員採用試験対策に熱心な大学では、〝模擬面接〟を繰り返し行っています。元校長等の指導員が試験官役となり、本番さながらの質疑応答を繰り返すというものです。1次試験終了後は、毎日のように模擬面接をしている大学も少なくありません。

回答内容については、参考書や雑誌等にも、模範例が掲載されています。これらを参考にしてもよいでしょうが、丸暗記して臨むと、回答が棒読みになって印象が良くありません。参考程度に目を通し、自分の言葉で語った方がよいでしょう。

## ◉教員採用試験ならではの選考方法

筆記・論作文・面接の三つは、民間の就職活動でも用いられる、オーソドックスな選考方法です。一方で、教員採用試験には、いかにも教員選考らしい、特有の試験もあります。

その一つが「実技試験」です。小学校ならば、音楽のピアノ、体育の水泳・鉄棒、図工のデッサンなどを実演し、その内容を試験官が評価します。小学校の実技試験は、実施していない自治体も多いですが、実施している自治体を受けるならば、みっちりと対策して臨む必要があります。

特に「ピアノなんかろくに弾いたことがない」「25メートルを泳げない」「絵は苦手」なんて人は、早い段階から着手しておいた方がよいでしょう。1次試験に合格してから着手するようでは、到底間に合いません。

中学校や高校の場合、実技試験の有無は教科によって異なります。一般的に、実技試験が行われているのは以下の教科です。

・英語＝リスニング、スピーキングなど

・体育＝水泳・器械体操・球技など
・音楽＝ピアノ・器楽・声楽など
・美術＝デッサン・水彩画・造形など
・家庭＝調理・裁縫など

一つ注意しておきたいのは、実技試験はただ技能が高いだけで、高評価されるわけではないという点です。試験官は、技能だけでなく、指導者としての資質も見ています。たとえ技能が高くなくとも、指導者として子どもたちに分かりやすく教える資質を示せば、高く評価してもらえます。その意味で、ただ技能を磨くことだけにとらわれないよう注意が必要です。

「模擬授業」も、教員選考ならではの試験です。文字どおり、試験官の前で授業をし、その内容を評価する試験で、授業する学年・教科・単元などは、当日示す自治体もあれば、事前に示す自治体もあります。授業するのは10分程度で、終了後は試験官との間で、授業内容についての質疑応答が行われます。

模擬授業についても、実施する自治体としない自治体とがありますが、実施している自治体を受けるならば、入念な準備と練習が必要です。

もう一つ、ユニークな選考方法に「場面指導」があります。一般的に、面接試験の中で行われ、例えば次のような問題文が提示されます。

**あなたは小学3年生の担任です。清掃の時間に友達とふざけていて、まったく掃除をしていない男子児童がいます。あなたは担任として、この児童にどのような指導をしますか。**

この試験がユニークなのは、問いに対して〝実演〟を求められる場合があることです。あたかもその場に子どもがいるかのように、設題への対応を演じて見せるよういわれるのです。いわゆる〝一人芝居〟。

「そんな恥ずかしいことできるか！」なんて言ってられません。ＰＡＲＴ１でも述べたように、教師には「役者」としての資質が求められるわけで、どれだけ羞恥心を消せるかも勝負の分かれ目となってきます。

なお、最近は民間企業の就職活動や公務員試験でよく行われる「集団討論」を行う自治体も増えてきています。討論のテーマは、論作文等と同じく学校教育の今日的課題についてです。

ここでは、学校教育への理解と同時に、集団の中での〝協調性〟も見られるので、意識しておきたいところです。

## ◉必要なのは「試験」ではなく「就活」という意識

以上、教員採用試験の内容と必要な対策について、ごく簡単に説明してきました。続いて、これから教員採用試験に臨む人に、ぜひ持っておいてほしい心構えについて述べたいと思います。

皆さんはこれまで、高校受験や大学受験をはじめ、多くの試験を受けてきたと思います。これらは「試験」ですから、「公正」で「公平」です。明確な採点基準に則り、誰が採点しても同じ結果が出るようになっています。当たり前といえば当たり前の話です。

一方で、教員採用試験は「公正」ではあるものの、必ずしも「公平」とは限りません。特に面接試験は、筆記試験のような明確な採点基準がなく、試験官の主観が少なからず合否を左右します。

「そんなことを言われたら、試験へのモチベーションが下がる」

そういう人もいるでしょう。せっかく、何カ月にもわたって一生懸命勉強してきたのに、試験官の〝好み〟で良い点数になったり、悪い点数になったりする。そんな話は、誰だって聞きたくないと思います。

しかし、現実として、不公平な採点は起こります。極端な話をすれば、面接試験では、同じ回答をしても、試験官が受ける印象によって、採点は大きく変わってくるのです。

例えば、面接試験で、試験官がこう質問をしたとします。

「いじめ問題に、教師としてどう取り組みますか？」

これに対し、ある受験者が、まるで生徒指導の教本に載っているかのような、非の打ちどころのない回答を理路整然と述べたとします。

「いじめ問題は、予防と対応の2視点から進めます。予防の視点からは、支持的風土のある学級づくりに励み、対応の観点からは、周囲の教職員との情報共有・組織的対応に努めます」

よし！　勉強したことをそつなく盛り込めた。完璧だ。これで合格できる！　と思わず、心の中で、ガッツポーズするかもしれません。

しかし、試験官の評価は、A～D評価の「C」。一体、何がいけなかったのか……。試験官はこんなことを言うかもしれません。

「回答内容は完璧だが、答え方が偉そうで、〝上から目線〟の印象があった。部下にしたら扱いにくそうだなと思った」

受験者の中には「そんなバカなことがあってたまるか！」と思う人もいるでしょう。回答の「内容」ではなく、「印象」が採点されるなんて……。そんなことは、許されるべきではないと考える人もいると思います。しかし、それは「試験」だと考えるから、そう思うのです。

実をいうと、教員採用試験は「試験」ではありません。

「何を言ってるんだ。ここまで散々、教員採用〝試験〟と言ってきたくせに！」

そういう人もいるでしょう。しかし、法律の条文を見ても、一般公務員が「競争試験による採用」としているのに対し、教員は「選考」によるものとしています。法律があえて「競争試験」ではなく、「選考」という言葉を使っていることの意味は、一考に値するでしょう。実際、教員採用の募集要項に「試験」という言葉を用いていない自治体も少なからずあります。

では、「選考」と考えたときに、どうすればよいのでしょうか。大切なのは、選ばれるような人間になろうと努力することです。試験官に「この人と一緒に働きたいな」「教員にしたら楽しい授業をしそうだな」と思ってもらえるように、努力することです。この点に「納得がいかない」という人は、おそらく「試験」のイメージが抜けていないのだと思います。

世の中は、必ずしも公平にはできていません。持っている知識・技能が評価と直結するのは、学生時代まで。社会人になって以降は、人間的な総合力による勝負が始まります。

これを「不公平だ」というのではなく、「面白いじゃないか」というくらいの人になってほしいと思います。

## ◉合格できなかった場合の進路

最後に、残念ながら合格できなかった場合の進路について、少しだけ説明したいと思います。「そんな話、縁起でもない」と思われるかもしれませんが、現実問題として、教員採用試験に一発合格するのは大変です。中学校・高校の倍率は、約7倍ですから、合格できるのは7人に1人。非常に狭き門です。

では、合格できなかった大学生がどうすればよいかといえば、選択肢はほぼ一つです。それは、翌年の「教員採用試験に再チャレンジする」です。教員採用試験には、司法試験のような受験回数の制限がないので、年齢制限に引っかからない限り、何度でも挑戦できます。最近は年齢制限も緩くなっていて、40歳〜60歳に設定している自治体が大半です。

実際、1回目の試験で合格できなかった大学生の大半が、次年度に再チャレンジをしています。民間の就活のように、就職浪人組が不利になるようなこともありません。それゆえ、2回目、3回目と挑戦を重ねた末に、悲願の合格を勝ち取る人もたくさんいます。

再チャレンジ組の多くは、臨時的任用教員もしくは非常勤講師として、教壇に立ちながら、受験します。臨時的任用教員の場合、4月以降は本務となる教育活動に忙殺されるため、試験対策に割ける時間は限られます。非常勤講師の場合は、授業の持ち時数にもよりますが、それでも大学4年次ほどは対策時間が割けません。その意味では、大学を卒業する3月末までに、どれだけ対策しておくかがポイントとなります。

ならば、完全な「浪人生」として1年を過ごす方がよいのでは……と思う人もいるかもしれませんが、あまりお勧めしません。筆記試験は高得点が取れるかもしれませんが、論作文試験や面接試験で、実践経験のなさを厳しく評価されることになります。

既卒者には、既卒者なりの〝経験知〟が求められるわけで、試験官も「なぜ、教員志望者なのに、臨時的任用教員や非常勤講師にならなかったのだろう……」と、いぶかしく思うでしょう。最近は、臨時的任用教員や非常勤講師の募集が多いので、ぜひ検討してみていただきたいと思います。

合格できなかった大学生の中には、私立学校の教員を目指そうと考える人もいます。私立学校の試験は、原則として各学校単位で行われ、公立の教員採用試験の合格発表後も、募集を受けつけているところがあります。そのため、教員採用試験で不合格となった人の中には、私学の教員になろうかと考える人もいます。

また、東京都のように、8月下旬に「私学教員適性検査」を実施している地域もあり、これを受験する人もいます。しかし、私学教員を志望する人の多くは、当初から私学志望の人たちであり、そのための対策をしっかりと積んできた人たちです。そこに、公立の教員採用試験に不合格だった人が割って入るのは、容易なことではありません。その意味で、あまりお勧めできる選択肢ではありません。

もう一つ、民間企業という選択肢ですが、これはまったくもってお勧めできません。教員採用試験の合否が出る頃には、民間企業の就活は峠を越えているため、選択肢は限られます。採用担当者も「教員志望者がなぜうちの企業に？」と思うでしょうし、それを隠して活動したとしても、遅すぎる出だしを怪しく思われるでしょう。

就活がうまくいく可能性は限りなく低く、運良くどこかに採用されても、自分らしさを発揮できる可能性は限りなく低いと思われます。

「再チャレンジ」以外で、唯一お勧めできる選択肢としては、教職大学院があります。教職大学院はそもそも、現職教員の専門性向上等を主たる目的として創設されたものですが、最近は大学を卒業したばかりの人も入学しています。学費がやや高く、最低でも年間50万円以上はかかりますが、2年間を通じて多くの実習経験を積める点は大きな魅力です。

最近は、教職大学院の卒業者に、採用選考における優遇措置を講じている自治体もあるので、学費の問題さえクリアするようなら、選択肢の一つとして考えてみたいところです。

いずれにせよ、一度「教師を目指す」と決めたら、もはや退路はないものと考えた方がよいでしょう。これを「不退転の覚悟」といい、よく政治家などが使います。政治家の中には、巧みに退路をつくる人も多いですが、「教師を目指す」という決断は、本当に「不退転の覚悟」で行わなければなりません。それだけに、教師という職業の魅力も大変さもすべて理解し、自身に適性があるかどうかを見極めた上で、判断をしてもらいたいと思います。

◆教員採用試験“再チャレンジ”への道

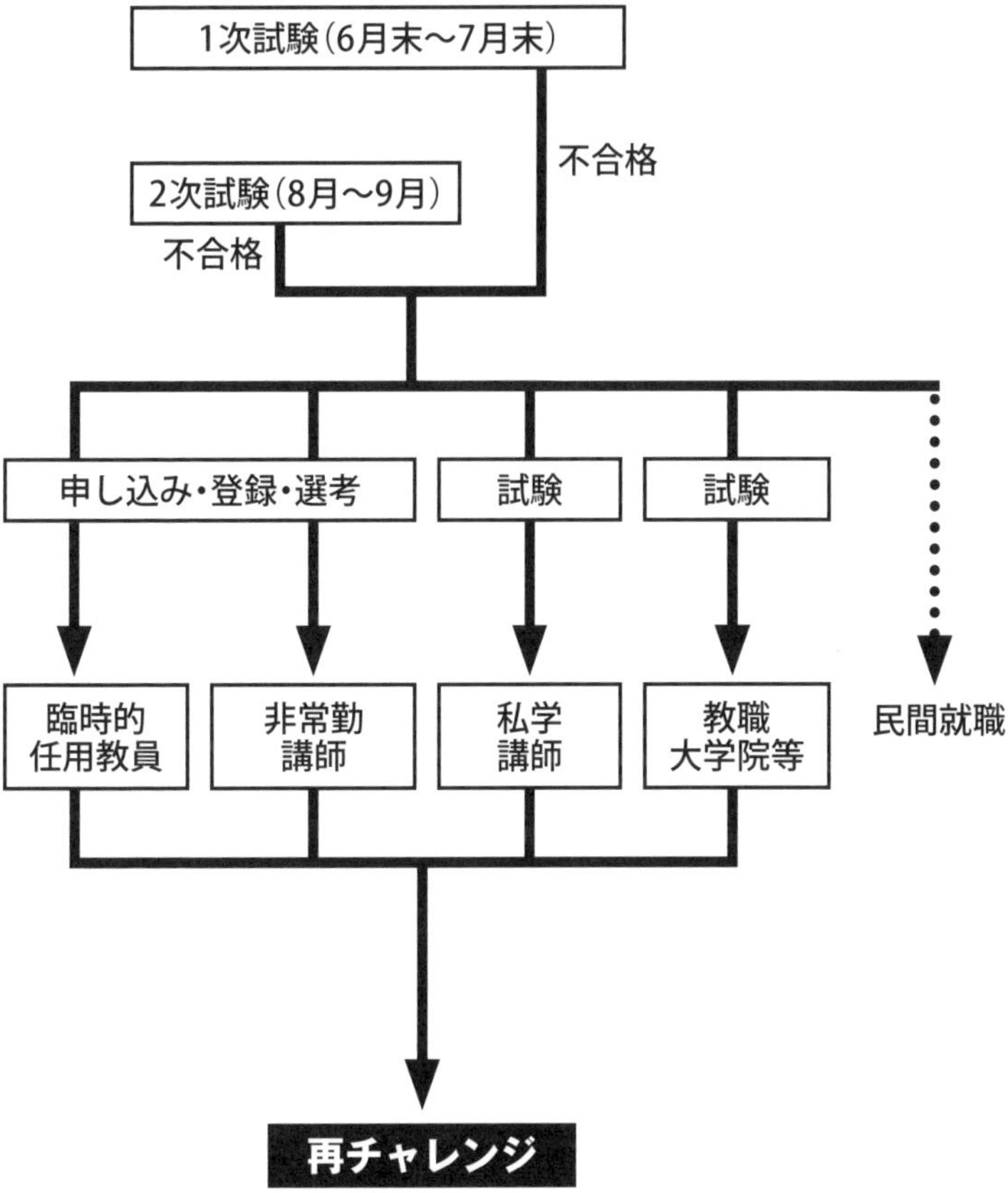

**【参考】東京都の「私学教員適性検査」**

東京都の私立学校が合同で実施している採用試験。「大学4年生以上の学生・社会人対象」と、「大学3年生対象」の二つの試験があり、いずれもA～Dの4段階の成績が付けられる。その後、受験者の成績が記載された「受検者名簿」が各私立学校に提供され、各校は名簿から採用候補者を選び、本人に連絡・通知する。そして、学校による選考試験を行った後、正式に採用が決定する。

# おわりに

ここまで、教師という職業について、さまざまな側面から解説してきました。最後までお読みいただき、ありがとうございました。

私自身は、『教員養成セミナー』という月刊誌の編集長を、2017年6月末まで務めておりました。『教員養成セミナー』は、教員を目指す人のための受験誌です。「そんな雑誌、あるんだ！」という人は、ぜひ一度、ご覧になってみてください。本書には収めきれなかった効果的な試験対策法などが、たくさん収録されています。

『教員養成セミナー』の編集長に就くまで、私は編集プロダクションの編集者・経営者として、多くの学校を取材してきました。首都圏の公立学校や私立学校、地方都市の学校、僻地の学校、特別支援学校やフリースクール……。訪れた学校は、500以上に上ります。その中で、多くの先生から話を聞き、時に酒を酌み交わしながら、学校のリアルな現状について話を聞いてきました。と同時に元学校教員の方々とともに「教職技能研究所」というＮＰＯ法人を立ち上げ、教員志望者や現職教員向けの研修会などの運営にも携わっています。

一方で、私が経営する編集プロダクションは、教育分野以外にも多くの仕事を抱えており、取引先にはさまざまな職業人がいます。メーカーや建設会社、出版社などの社員もいれば、財団法人、ＮＰＯ法人などの団体職員もいます。弁護士や医師、会計士、社労士、司法書士など、「士業」といわれる人たちもいれば、フリーランスのデザイナーやライター、映像ディレクターなどの人たちもいます。

これら幅広い職業人とお付き合いがある中で、「教師」という職業人の特性、価値観、行動パターンなどが、私なりに見えてきたように思います。そして今回、私のような人間が教師という職業を「外側」から分析し、「客観的」に伝えることに意義があると考え、本書を書くことを決意しました。

本書を書こうと思ったのには、もう一つ大きな理由があります。ここ最近、学校をめぐって「ブラック」「過労死レベル」などの情報が頻繁に流れており、「このままでは教師を目指す人が減ってしまうのでは……」と危惧を抱いたからです。もちろん、教員の忙しさは、長く学校を見てきた私自身もよく承知していますが、最近の報道には、やや「行き過ぎ」の感があり、歯がゆい思いをしていたところです。

「教育は国家百年の計」という言葉がありますが、いくら改革を重ねても、それを実行する教員に力がないと、「絵に描いた餅」と化してしまいます。まして、学校は「法律・制度」よりも、長く伝承されてきた現場教員たちの「技能」によって支えられてきた組織です。その意味で、教員に良き人材を集めることこそが、今最も必要な改革ではないかと考えています。

私が好きな映画に、伊坂幸太郎原作の「フィッシュストーリー」という作品があります。1970年代に作られた、あるパンクバンドの「誰にも聞かれなかった曲」が、時代を超えて人から人へと伝わり、さまざまな過程を経て地球を滅亡から救うという話です。一つの作品、一人の人間が与える影響は、私たちの想像をはるかに超えていて、実は地球を動かしているのかもしれない。そんなふうに思わせてくれる作品です。

誰かに、何かに、影響を与える。その点で、教師ほど影響力を持つ職業はほかにありません。今、全国の学校で懸命に子どもと向き合っている先生方は、ひょっとしたら地球を動かし、歴史をつくっているのかもしれない。そんなふうに私は思います。本書を読んでくださった方々には、教師という仕事にそんな「スケール感」を感じていただきたいと思います。

本書を執筆するにあたっては、多くの方々にお力添えをいただきました。この場をお借りして、心より御礼申し上げます。時事通信出版局の松永努社長には、私が『教員養成セミナー』の編集長の頃から、全面的に支えていただきました。松永社長がいなければ、『教員養成セミナー』の躍進もなければ、本書が世に出ることもなかったと思います。そして、同社出版事業部の舟川修一部長には、随所で的確なご指摘と励ましをいただき、私の精神的支柱となっていただきました。また、元埼玉県の小学校長であり、現在は共栄大学教授でいらっしゃる金山康博先生には、教員のキャリア分岐をはじめ、私の知識が及ばない部分について、随所でご指南をいただきました。私が本書に書いた情報の多くは、金山先生との長いお付き合いの中で蓄積してきたものであることを、最後に申し添えておきます。

2018年1月

佐藤 明彦

【著者紹介】
●佐藤 明彦（さとう・あきひこ）
1972年生まれ。滋賀県大津市出身、東北大学教育学部卒。2017年まで教員志望者向けの月刊誌『教員養成セミナー』（時事通信社）の編集長を務め、同誌のリニューアルやYouTube連動企画の立ち上げなどを実行。現在は、株式会社コンテクスト代表取締役として、教育関連の書籍・映像などを手掛ける。また、NPO法人教職技能研究所の事務局長として、教員志望者向けの講座「ぷらすわん研修会」などを展開。これまで取材で訪れた学校数は、国公私立合わせて500以上にも上る。

教員養成セミナー公式サイト

ぷらすわん研修会

職業《しょくぎょう》としての教師《きょうし》──目指《めざ》す人《ひと》が知《し》っておくこと。

2018年2月25日　初版発行

著　　者　佐藤 明彦
発 行 者　松永　努
発 行 所　株式会社時事通信出版局
発　　売　株式会社時事通信社
〒104-8178　東京都中央区銀座5-15-8
電話03（5565）2155　http://book.jiji.com

印刷／製本　中央精版印刷株式会社


ISBN978-4-7887-1543-1　C0037　Printed in Japan
落丁・乱丁はお取り替えいたします。定価はカバーに表示してあります。